AF375999

JACQUES ROCAFORT

DOCTEUR ÈS LETTRES
PROFESSEUR AU LYCÉE SAINT-LOUIS

L'UNITÉ MORALE

DANS

L'UNIVERSITÉ

PARIS

LIBRAIRIE PLON

PLON-NOURRIT et Cie, IMPRIMEURS-ÉDITEURS

8, RUE GARANCIÈRE — 6e

1903

Tous droits réservés

L'UNITÉ MORALE

DANS

L'UNIVERSITÉ

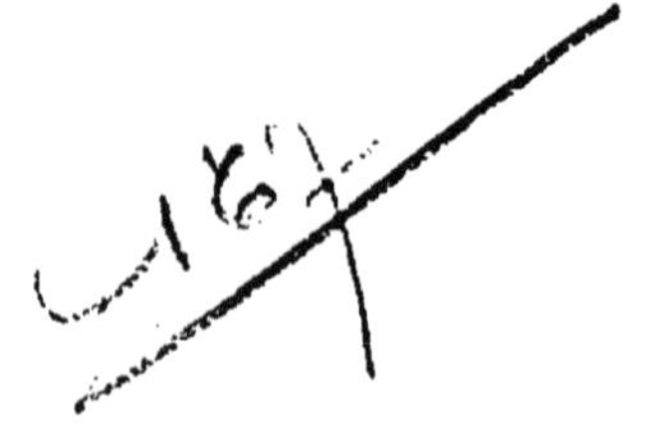

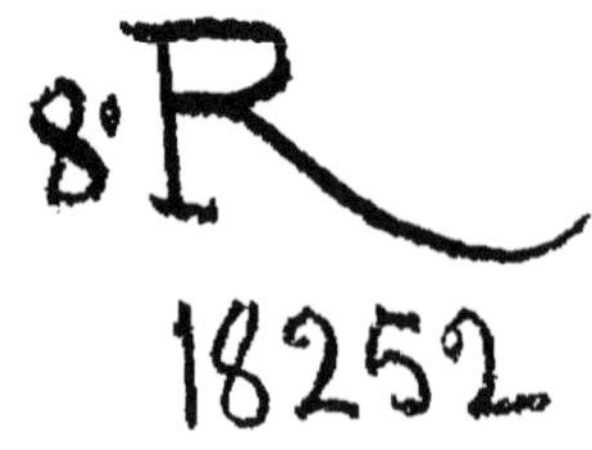

DU MÊME AUTEUR

CHEZ HACHETTE

Les Doctrines littéraires de l'Encyclopédie, 2ᵉ édition.

CHEZ ALPHONSE PICARD

Paulint de Pella, sa vie, son œuvre, suivi de la traduction française de l'*Eucharisticon*.

CHEZ PLON-NOURRIT

L'Éducation morale au lycée, 2ᵉ édition.
Ouvrage couronné par l'Académie française.

PARIS. TYP. PLON-NOURRIT ET Cⁱᵉ, 8, RUE GARANCIÈRE. — 3912.

JACQUES ROCAFORT

DOCTEUR ÈS LETTRES

PROFESSEUR AU LYCÉE SAINT-LOUIS

L'UNITÉ MORALE

DANS

L'UNIVERSITÉ

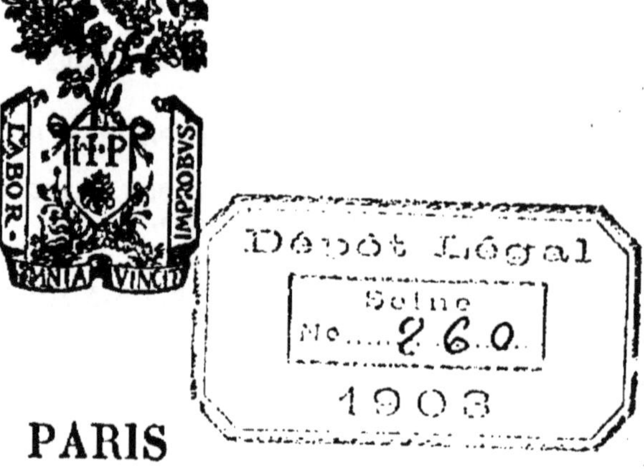

PARIS

LIBRAIRIE PLON

PLON-NOURRIT et Cⁱᵉ, IMPRIMEURS-ÉDITEURS

8, RUE GARANCIÈRE — 6ᵉ

1903

AVANT-PROPOS

Jamais on n'avait tant parlé d'unité morale. Des camps les plus opposés des voix s'élèvent, dénonçant la nécessité de recréer l'unité morale dans la nation; et, pour cette tâche, on désigne naturellement l'Université. Je souscris à tous ces vœux. Si j'ai écrit ces quelques pages, c'est seulement pour démontrer que leur réalisation exige deux conditions indispensables : premièrement, qu'on ne cherchera cette unité morale dans aucune théorie arbitraire, mais dans les principes communs et traditionnels de moralité privée et de conservation nationale, hors desquels il ne peut pas y avoir d'accord libre; secondement, que l'Université, avant d'entreprendre utilement de faire l'unité morale dans la nation, commencera par l'établir chez elle.

Comme il n'est pas de matière d'enseignement qui ne le soit d'éducation, si quelqu'un me fait observer que je n'ai guère traité que de la morale et de l'histoire, je répondrai que c'est parce que l'éducation relève avant tout de ces deux enseignements. Quelque propos qu'on tienne à l'élève qui vise sa formation d'homme et de citoyen, c'est presque toujours à une leçon morale ou historique qu'on en revient. Compare-t-on ensemble, pour leur esprit, des systèmes différents d'éducation, c'est dans ces deux matières qu'on cherche de préférence les points communs ou de désaccord.

Mais le devoir moral et le patriotisme

sont des sentiments et des notions si générales, qu'il fallait redouter de verser inutile-
ment dans les généralités. J'ai donc profité
de circonstances récentes pour localiser les
discussions; on verra mieux ainsi que l'idée
n'en est pas chimérique, ni contestable
l'opportunité. J'ai pris à la source, sous la
plume d'universitaires — exclusivement —
qui font école, des propositions dont je ne
méconnais ni la sincérité, ni parfois l'élévation, mais qui m'ont paru, de mon point de
vue, ou fausses, ou équivoques, et par conséquent dangereuses à insinuer dans l'enseignement public. J'espère seulement qu'on
me fera l'honneur de ne suspecter dans mes
libres critiques aucun esprit de critique, ni
mes honorables collègues, ni moins encore
des maîtres auxquels je dois toute révérence.

Enfin, pour sauvegarder le caractère pédagogique, universitaire, du débat, je me

suis privé volontairement de tout ce que la vie politique française, pendant ces dernières années, aurait pu me fournir d'actes, de paroles ou d'écrits utiles à mon argumentation. Les esprits désintéressés me sauront gré d'une lacune que leur mémoire réparera facilement.

Janvier 1903.

L'UNITÉ MORALE
DANS L'UNIVERSITÉ

I

L'UNIVERSITÉ NATIONALE

Des mécontents murmurent :

« Si l'Université n'existait pas, il n'y aurait aucun profit à l'inventer.

« Pédagogiquement, elle est mère et conservatrice de toutes les routines. Si les griefs élevés contre elle par les hautes personnalités compétentes qui ont déposé devant la commission parlementaire de l'enseignement, si le résumé du président, M. Ribot, sont exacts, c'est la condamnation la plus fortement motivée qu'on puisse prononcer d'une institution. Et l'entêtement dans leurs préjugés manifesté depuis par plusieurs assemblées de professeurs n'est pas un signe que la guérison de cette honorable corporation soit prochaine.

« Éducatrice, l'Université ne satisfait pas davantage les gens sensés. Elle oscille de l'anarchie doctrinale à la menace d'imposer une morale prétendue scientifique qui, n'ayant ni obligation ni sanction, n'est pas une morale. Elle a énervé le sentiment patriotique de préoccupations humanitaires très inquiétantes à cause de l'état actuel de l'Europe.

« Ne vaudrait-il pas mieux en revenir à l'idée d'Auguste Comte, de supprimer les «budgets théoriques », dont celui de l'instruction publique fait partie, pour laisser à l'initiative privée le soin de pourvoir librement à l'éducation de la jeunesse française ? »

Je réponds :

Tout cela est parler pour ne rien dire. L'Université est un fait, elle existe, elle est légitimée par une tradition déjà séculaire, elle est protégée par l'affection de ses anciens élèves et par le dévouement de ses maîtres actuels.

Nous ne sommes ni en Angleterre, ni aux États-Unis. Les choses sont telles en France qu'on n'y a le choix qu'entre deux privilèges, celui de l'État ou celui des congrégations. Préférez-vous celui des congrégations ?...

Vous l'appelez routinière. Elle ne l'est ni plus ni moins que les autres associations, corporations ou partis. A cause de sa mission, qui est l'éducation de la jeunesse, un tempérament conservateur lui sied mieux qu'une humeur révolutionnaire. On ne lui reconnaît pas le droit d'improviser des expériences sur la jeunesse : elle doit se transformer à coup sûr. C'est aux établissements libres qu'appartient avec l'honneur le risque des innovations.

Au reste, le moment serait mal choisi pour accuser l'Université de léthargie. Cette année scolaire a inauguré dans les lycées la réforme la plus profonde qui ait jamais été tentée, à côté de laquelle celles de 1880 et de 1890 ont été des jeux d'enfant. Des personnages considérables du Parlement y ont attaché leur nom; mais il est juste de reconnaître que dans le personnel enseignant lui-même, parmi les professeurs qui n'ont pas perdu l'habitude de regarder par delà les murs du collège, les ouvriers de la première heure n'ont pas manqué (1). Je n'assure pas que tout soit parfait dans la nouvelle organisation des études, ni encore moins simplifié : l'expérience apportera les corrections nécessaires. Mais, dans ses grandes lignes, la réforme est justifiable, son esprit excellent. Il n'y aura plus d'enseignement secondaire que d'une sorte, classique et pourtant modernisé; il sera plus utilisable pour la majorité des jeunes gens; le lycée, plus auto-

(1) En ce qui nous concerne, voir notre déposition devant la commission d'enquête parlementaire, à la fin de ce vol.

nome, s'adaptera mieux à chaque région; l'élève sera suivi de plus près par ses professeurs; la question des maîtres répétiteurs est en voie d'être résolue. Il faut en rabattre, de la routine de l'Université.

Il ne s'agit pas non plus de s'exagérer notre anarchie morale. En dépit de la liberté absolue des opinions, dans la pratique, par une sorte d'accord tacite, nous avons, jusqu'ici du moins et en général, écarté les affirmations aventureuses pour rester conservateurs de la morale traditionnelle, telle que l'ont faite plusieurs siècles de christianisme et de civilisation. De même, malgré la grimace de quelques renchéris, nous demeurons, au fond, patriotes comme les gens du peuple.

De ces critiques néanmoins oserai-je déclarer qu'il convient, selon moi, de retenir une leçon? Ce n'est pas à notre enseignement que je pense, c'est à notre conception de l'éducation. De même que les récentes réformes ont désarmé pour longtemps nos adversaires du grief de notre prétendue routine, il est souhaitable, selon moi, et nécessaire, qu'une autre réforme vienne les réduire également au silence contre notre prétendue anarchie. Le ministre de l'instruction publique, dans une lettre récente au président de la commission parlementaire, après avoir constaté l'importance de l'éducation, ajoutait : « Le maître devra donc s'imposer pour premier devoir de développer les qualités intellectuelles et morales qui stimulent l'initiative intellectuelle, font les esprits justes et libres, les consciences droites et les volontés fortes (1). » Et c'était tout : ce n'est pas assez. Nous descendrons plus avant, à la racine du mal, et nous dirons : On nous reproche l'anarchie morale? attestons un fonds d'idées com-

(1) Insérée à l'*Officiel* du 2 février 1902.

munes. On nous reproche un patriotisme allongé d'humanitarisme? affirmons un patriotisme plus strict. Nous n'en serons que plus aptes à fonder l'unité morale dans la nation, après que nous l'aurons établie chez nous.

Il est vrai que tout le monde ne sent pas le besoin pour la nation d'unité morale. Il y en a qui mesurent la vitalité d'un peuple à la diversité, à la contradiction même des conceptions politiques et morales qui s'y développent et s'y opposent librement (1). Ceux-

(1) Par exemple, M. Jules Payot, inspecteur d'Académie : « Nous avons dit pourquoi l'unité morale n'était pas souhaitable, et comment elle équivaudrait à la stagnation de la conscience... Oui, nous sommes en pleine fermentation et un état social meilleur s'élabore, et ce serait folie que de vouloir changer notre morale en dogme désormais intangible, non susceptible de progrès.

« Mais d'où vient donc ce besoin d'unité? Est-ce un besoin sain ou ne serait-ce pas un besoin pathologique? C'est, à

là doivent être satisfaits de la France contemporaine. Ils n'y voient partout, au Parlement, dans la presse, au foyer domestique, en politique, en morale, en religion, que problèmes soulevés, sans qu'aucune solution s'impose à la masse des intelligences. Et livrée par son activité même à toutes ces discordes, la jeunesse s'y est fatalement heurtée et morcelée.

notre avis, tout simplement un besoin d'esprit analogue à celui qui produit le fanatisme...

« Nous insisterons sur ce besoin vraiment tyrannique qu'ont les esprits faibles, médiocres, passifs, de vouloir imposer aux esprits actifs, libres, vigoureux, originaux, leurs mœurs, leurs croyances et même leurs modes. » *Le Volume*, 14 juin 1902, p. 622.

Si peu flatteur qu'il soit, nous n'avons pas hésité à citer ce jugement. En revanche, nous demanderons à M. Payot ce que signifiait cette phrase de sa déposition devant la commission d'enquête : « Une des raisons de la crise incontestable chez la jeunesse actuelle, *qui manque évidemment de direction*, c'est que les enfants ne reçoivent pas, dès le lycée, *les grandes idées directrices qui devraient les dominer.* » *Enquête*, t. II, p. 639 et suiv.

Ne semble-t-il pas qu'en 1899 tout au moins, M. Jules Payot éprouvait, lui aussi, « un besoin pathologique » d'unité morale ?

De même, M. Gustave Lanson, professeur à l'École normale supérieure : « En formant des natures capables de

Nous, au contraire, nous ne faisons pas cette constatation sans tristesse. Nous croyons que le premier élément de la force d'un peuple, la première condition de sa prospérité au dedans et de son expansion au dehors, c'est l'union morale de ses enfants. Une société ne peut durer que lorsqu'elle possède des sentiments communs, un idéal commun, capable de déterminer chez tous ses membres, dans les circonstances graves de la vie publique, des réactions concordantes. Si nous,

faire ou de choisir leur croyance, on facilite une diversité qui, pour les esprits prévenus et inhabiles, ressemble à une insuffisance de l'éducation. Mais, proclamons-le bien haut, cette diversité-ci révèle une qualité d'éducation bien supérieure à cette unité-là. » *L'Université et la Société moderne*, p. 52. (A. Colin, 1902.)

Pourtant le même auteur avait fort bien défini dans la Préface de son livre (p. x) les effets de cette « diversité ». Le mal de la nation, dit-il, « vient de ce que la plupart des esprits sont sans règle et sans méthode, dressés à adorer la fantaisie brillante et la virtuosité oratoire, indifférents au vrai et incapables de choisir les moyens qui permettent de l'atteindre plus ou moins complètement, livrés sans défense aux impulsions et aux convulsions de l'imagination et du sentiment. »

Français, nous rêvons d'anarchie ou de ce qui la suit d'ordinaire, du despotisme, il n'y a plus qu'à se croiser les bras et à laisser faire le temps. Encore quelques générations, et la France n'aura plus d'unité morale, plus de cohésion ni d'homogénéité. A un prolétariat plus instruit de ses droits que de ses devoirs, et syndiqué, elle n'aura plus à opposer que des classes intelligentes et instruites, coalisées peut-être momentanément par les intérêts, mais qui ne seront réunies par aucun lien vraiment durable et fécond, par la communauté d'aucune foi, d'aucune vue supérieure, d'aucun idéal; poussière d'individus destinés à être submergés par le torrent débordé de la foule, ou tyrannisés par une poignée de sectaires qui les auront domptés.

Notre pays souffre plus qu'aucun autre de cette dissociation, parce qu'il est, par tempérament autant que par tradition, foncièrement voué à l'unité. « Un roi, une foi, une loi » — « la République une et indivisible » —

« la souveraineté nationale », ces trois formules diverses et successives de la politique française manifestent le même et identique besoin. En matière religieuse, c'est par le défaut d'unité que Bossuet a fait surtout la critique du protestantisme. Et quel pays plus centralisé que le nôtre? plus attaché à l'unité de langage et des mœurs? plus esclave de la mode?

Or cette unité, notre pays ne la trouve ni dans la race, qui n'existe pas, ni dans la combinaison encore imparfaite de ses diverses parties. Il n'y a pas une France, il y a des Frances, comme il y a des Allemagnes, des Italies, des Espagnes. L'unification, qu'on peut, de haut et de loin, dater de Jeanne d'Arc et de Richelieu, ne remonte pas en réalité au delà des champs de bataille de la Révolution et de l'Empire ; aujourd'hui encore elle n'est pas si complète qu'il est de convention de le dire, entre le Nord et le Midi par exemple, entre la Lorraine et le Languedoc, entre la Bretagne et la Provence. Et c'est pourquoi, sans l'unité de direction, sans une manière commune de penser et de sentir sur les questions essentielles, cet ensemble de citoyens qu'on appelle la nation française est comme désorienté ; il s'affole dans les extrêmes les plus opposés, avec, en perspective, l'inévitable affaiblissement et la décadence finale.

La survivance, la permanence d'une dynastie séculaire, universellement respectée, comme en Angleterre par exemple, en continuant à faire centre de ralliement, eût été sans doute capable de suppléer à l'insuffisance de la conscience nationale. Mais aujourd'hui que l'association française s'est donné une gérance à plusieurs têtes, si nous voulons qu'elle subsiste, qu'elle dure en dépit de ses ennemis du dehors et de ceux du dedans, et qu'elle soit acceptable pour tout le monde, il faut, selon nous, de toute nécessité, consolider les liens qui, dans son sein, unissent les individus, en lui maintenant des tendances communes, une manière commune sur les points essentiels de la vie sociale de penser et de sentir, il faut inculquer de bonne heure à ses membres un idéal — assez large pour que le plus possible d'opinions particulières aient la faculté de s'y mouvoir à l'aise, — un idéal public commun, il faut lui assurer l'unité ou, moins rigoureusement, l'harmonie morale.

Or je ne vois guère, avec l'armée, que l'Université capable dorénavant de pourvoir à cette tâche noble et délicate entre toutes, de maintenir la notion indispensable de la communauté française, de préserver l'existence et la nature du composé français. Les Universités allemandes ont joué ce magnifique rôle vis-à-vis de la nation germanique ; si nous, consciemment ou non, et pour des théories qu'on croit bonnes, nous l'abandonnions, nous porterions justement devant l'Histoire la responsabilité d'avoir accéléré la désagrégation de notre pays.

*
* *

— Soit, répliquera-t-on, mais, ce point accordé, il reste que les universitaires sont si jaloux de leur indépendance qu'ils se méfieront que vous ayez une conception religieuse, politique et sociale particulière, à laquelle vous complotez de les asservir. Voudriez-vous nous imposer une doctrine d'État? Oubliez-vous que toutes les opinions politiques et religieuses ont des représentants parmi nous? — Doctrine d'État est bientôt dit. Qu'on se rassure, je ne médite aucune mainmise sur les intelligences, je ne rêve d'aucun césarisme pédagogique. Mais si nous sommes réellement des cerveaux clairs et solides, il ne faut pas non plus que la peur de perdre la liberté nous fasse prendre la moindre affirmation pour un loup-garou.

Oui ou non, votre opinion est-elle qu'il serait préférable qu'à la place de l'individualisme tôt ou tard anarchique qui sévit chez nous, il y eût accord avoué, consentement déclaré et public, je ne dis pas sur tous les points sans exception du système pédagogique, mais seulement sur les deux sentiments doublés de deux notions qui sont au fond de toute éducation morale, qui sont toute l'éducation morale, le sentiment et la notion du devoir, le sentiment et la notion du patriotisme? Si non, n'allons pas plus loin dans cette conversation; si oui, que la peur de la tyrannie ne bouche pas d'avance vos oreilles.

Je n'apporte aucune doctrine particulière, aucune solution arbitraire. Je ne descends d'aucun Sinaï, je n'ai vu face à face ni l'Éternel, ni la Raison, ni le Progrès, ni la Science, ni aucun des grands arcanes de l'avenir. Au contraire, je dis : la morale qui tient au cœur de presque tous les pères de famille, c'est déjà la nôtre. Le sentiment patriotique qu'ils aimeraient trouver au fond de notre enseignement, c'est déjà le nôtre. — Que demandez-vous donc? — Tout simplement, que de cet état d'esprit si communément répandu parmi les universitaires pris un à un, l'Université, collectivement, se forme une conscience plus nette, plus profonde et plus fière, qu'elle l'affirme sans ambages comme sien, et qu'elle songe ensuite aux moyens de le réaliser parmi les jeunes gens de plus en plus nombreux qui lui sont confiés. Est-ce là de la dictature?

La dictature viendra d'ailleurs, si on n'y prend garde. Ce n'est un secret pour personne que l'Université en ce moment éprouve dans son sein une poussée jacobine (1). Sous des influences extérieures, il y en a parmi nous à qui le monopole lui-même ne suffirait plus, qui rêvent d'un catéchisme moral et politique très spécial, sur lequel nous jurerions tous de

(1) Rappelons, parmi les plus récents symptômes, les vœux formulés successivement dans le courant de l'année 1902 par le 5ᵉ Congrès des professeurs, par la *Société Condorcet* et par le congrès de la *Ligue de l'Enseignement* à Lyon.

façonner les jeunes générations. Le moyen d'en triompher n'est pas d'opposer à leur groupe discipliné et bruyant, qui n'est pas sans de puissantes protections, l'émiettement et la réserve du plus grand nombre. Il est plus sûr de s'affirmer tel qu'on est, de faire bloc de tous les principes et de toutes les traditions que l'Université s'est honoré jusqu'à ce jour de placer à la base de son système d'éducation. Lesquels?

*
* *

L'Université, de tout temps, a été trop clairvoyante, trop libérale, trop mêlée à la nation, pour accepter de n'être que la servante d'un parti, l'éducatrice de la France au profit des jacobins. Ses vues sont plus hautes que les murs d'une petite chapelle, ses ambitions dépassent les appétits d'une secte, et, à moins que je ne me trompe fort, voici comment sa partie saine et équilibrée, j'entends l'im-

mense majorité, juge la place qu'elle occupe
en France et conçoit le rôle qui lui revient.

L'Église continue, malgré tout, d'enseigner
une fraction considérable de la jeunesse française. C'est son droit. Elle le fait à sa manière, qui est un dogmatisme religieux déterminé. Dieu a parlé dans la Bible, et le catholicisme romain est seul à posséder le sens
authentique de cette parole, tel est le principe
qu'elle a inscrit en tête de son système
d'éducation. Elle en fait le stimulant et le
frein des jeunes intelligences. Elle est vigi-
lante à empêcher que rien dans l'enseignement de ses écoles ni dans leurs pratiques
n'aille à le contrecarrer. Au contraire, tout
s'y rapporte et s'y ramène comme au suprême
aboutissement. Elle a raison, et puisque les
faits démontrent qu'il y a une clientèle pour
un pareil système d'éducation, il me paraît
juste, souhaitable et nécessaire qu'elle trouve
à sa disposition des maisons pour le lui
fournir.

Mais contre l'Église s'est formée une autre église. A l'extrême opposé de la morale fondée sur le dogme, des esprits libres et logiques ont construit la morale scientifique et athée. Son principe est l'adhésion aux lois de la nature, lois universelles et fatales. Elle se résigne au mal et à la mort totale. Elle se contente de réagir par une sorte de stoïcisme qui n'est pas sans grandeur. Cette morale, d'où seulement vient quelque dignité à la campagne menée contre le christianisme, a-t-elle des maisons d'éducation qu'elle inspire, qu'elle inspire exclusivement à la manière de l'Évangile les collèges chrétiens? Je n'en connais point, et je me hâte d'ajouter que s'il y a en France une clientèle pour des établissements de cette nature, je ne m'explique pas que le besoin n'ait pas encore créé l'organe, et pourquoi l'initiative privée n'a pas tenté pour elle ce qu'elle a réalisé d'autre part pour les catholiques. L'athéisme scientifique, au lieu de chercher à s'infiltrer dans le corps de la nation par l'intermédiaire de l'enseignement d'État, agirait plus loyalement en fondant à l'aile gauche de l'Université ce que l'Église a organisé à l'aile droite, des écoles à lui, des écoles doctrinales. C'est son droit, et je souhaite qu'il en use, car l'accueil réservé à une invitation directe rabattrait, je l'espère, la morgue de cette école aussi présomptueuse que mal assurée.

Quoi qu'il advienne, c'est entre les deux que l'Université a sa place marquée. Car l'Université, ce n'est pas telle ou telle fraction de la nation, c'est la nation elle-même, ou plutôt c'est une délégation nationale à l'éducation des jeunes Français.

Comme telle, elle n'est ni confessionnelle ni anticonfessionnelle. Elle est, au point de vue moral, la représentation exacte de la nation dont elle émane; et notre nation, qui est très laïque, n'est nullement athée. Elle se plaît aux postulats de l'existence de Dieu et de l'immortalité de l'âme. C'est un fait constaté par tout le monde, vérifié par les réveils intermittents de la vieille foi religieuse, et contre lequel les résolutions d'aucune secte ne sauraient prévaloir.

A orienter son spiritualisme du côté d'une foi religieuse particulière, c'est évidemment le catholicisme qui devrait attirer l'Université. C'est la tradition, le passé historique qui veut cela. Avec tous nos grands hommes, avec Henri IV, Richelieu, Napoléon, elle ne se tromperait pas en voyant dans le vieux culte national non seulement un excellent support de la moralité individuelle, mais la condition essentielle du rôle politique de la France dans le monde. Des hommes d'une haute autorité morale ont eu, dit-on, un moment, l'espoir d'amener la France à la Réforme par l'école (1). Illusion! Encore moins de nos jours qu'au seizième siècle il n'y a place en France entre le catholicisme et le paganisme. Le

(1) M. Georges Goyau, *l'École d'aujourd'hui*, p. 65-95. (Perrin, 1895.)

Français, aujourd'hui, qui abandonne l'Église, brûle l'étape calviniste et va droit à la libre pensée. La conservation de l'essentiel du christianisme, qui était le but de ces hommes profondément religieux, se trouve donc liée en France au maintien du catholicisme, réformable par le dedans. Mais je suis le premier à reconnaître que la composition même de nos collèges, mêlés de catholiques, de protestants, d'israélites et de libres penseurs, nous interdit absolument de nous placer à aucun point de vue confessionnel (1). C'est ailleurs que nous devons chercher les

(1) Je souscris donc très volontiers à ces paroles de M. Louis Havet, professeur à la Sorbonne : « Est mauvais, à l'école, tout ce qui servirait telle religion en particulier... » Mais la logique m'interdit d'adopter sa conclusion, après cela inattendue, qu'il faut lutter, à l'école, contre l'Église catholique. Toute la subtilité de ses distinctions entre la religion et la politique ne saurait dissimuler que ce soit le sens vrai, décisif et contradictoire de sa récente conférence aux instituteurs et institutrices d'Indre-et-Loire (2 octobre 1902) : « L'enseignement *laïque* en France, c'est celui qui a la conscience d'être un instrument de défense contre la politique de Rome. »

fondements de notre système d'éducation.

Les deux grandes assises de l'éducation universitaire sont la r ison et la science. Mais cette raison, très fière de ses conquêtes et très ferme dans son domaine, n'est ni étroite, ni infatuée. Elle sait ses limites, sans en rougir; elle reconnaît que sans l'intervention indispensable d'une série d'actes de foi elle serait un bien fragile appui pour la morale, pour l'art, pour la famille, pour la patrie, et généralement pour tout ce qu'il y a de meilleur dans l'âme humaine.

La science universitaire, elle aussi, montre avec orgueil ses progrès splendides et ses noms illustres; mais elle a garde de se poser *a priori* en adversaire de la religion, ni de se fourvoyer dans des solutions aventureuses de problèmes qui ne sont pas de son ressort, tels que ceux de l'origine de l'homme, de la loi de sa conduite et de sa destinée.

Ennemie de la réaction, l'Université ouvre ses voiles aux nouveaux courants bienfaisants qui emportent les sociétés; mais, dépositaire et comptable des jeunes générations qui constituent l'espoir et la réserve de la France, elle ne se croit pas le droit de compromettre cet espoir, ni d'affaiblir cette réserve par des témérités intellectuelles, par des rêves chimériques, auxquels n'autorise pas l'état présent de l'Europe et du monde. Elle enseigne que la patrie est, en même temps qu'un « principe spirituel », une « terre et des morts », et que pour défendre cette terre et ces morts autant que pour faire rayonner plus efficacement notre génie, rien ne vaut une bonne armée, confiante dans ses chefs et solidement disciplinée.

*
* *

Ou je me trompe fort, ou voilà quelle est assez exactement l'opinion moyenne de l'Université en matière d'éducation. Elle ne correspond pas, à proprement parler, à une doctrine, elle exprime un idéal, sur lequel, en dépit de quelques divergences, nous sommes à peu près tous d'accord. Malheureusement, je le répète, cet idéal, si partagé qu'il soit, est répandu à l'état diffus et confus ; on ne le trouve formulé explicitement nulle part, il ne figure sur aucun programme. Puis il est passif : en face de dissidences audacieuses à s'imposer, il demeure apathique, il fait le mort, et les gens qui ne sont pas de la maison sont excusables de croire qu'il l'est réellement. J'ai écrit ces quelques pages pour montrer, dans la mesure de ma faible individualité, qu'il ne l'est pas encore. Si je me défends d'apporter aucune théorie arbitraire, encore moins je me propose de ressusciter un cadavre : c'est une réalité bien vivante, quoique timide et dispersée, dont je voudrais que l'Université se rendît nettement compte, afin de se donner le courage de la fixer en la réorganisant.

Contre la menace d'une unité morale arbitraire, réclamée par une école, et d'ailleurs irréalisable, mais dont les efforts pour se réaliser n'iraient pas sans tyrannie chez les uns, et chez les autres sans rébellion, je demanderais donc, non pas la liberté absolue, l'individualisme sans frein, l'anarchie doctrinale, qui sont des états insoutenables en éducation et dans un grand corps comme le nôtre, des états forcément transitoires, et n'offrant à la conscience particulière qu'une sécurité précaire, je demanderais le retour à l'ancienne unité morale universitaire ou plutôt française, élargie en harmonie si on le veut, enrichie de tout ce que les progrès des sciences ont ouvert d'horizons nouveaux, nuancée de l'esprit démocratique, à cette unité traditionnelle, le plus sûr gage de l'union nationale. Je la demanderais parce qu'il en faut une, parce que celle-là seule est conciliable avec notre plus grande liberté, et qu'elle est seule réalisable, puisqu'il n'est besoin que de la retrouver, de la reconnaître et de la restaurer.

II

DE LA NÉCESSITÉ D'UN DOGMATISME MORAL

A propos d'une enquête sur l'éducation morale dans l'Université

Parmi les reproches adressés à l'Université, puisqu'il en est un qui revient plus souvent que les autres, son impuissance à donner aux élèves aucune éducation morale, il eût été étrange que les professeurs ainsi directement mis en cause ne se fussent pas sentis piqués au vif. Qu'est-il arrivé? Encore qu'ils aient été brillamment et vigoureusement défendus par des discours, par des livres, par des articles amis, ils ont tenu à faire directement leurs preuves. Plusieurs d'entre eux, de toute spécialité, se sont réunis, il y a quelques mois, en vue d'étudier ensemble cette grande question de l'éducation morale au lycée, chacun se chargeant de l'ordre d'enseignement pour lequel il était plus compétent (1). A partir du mois de décembre 1900, les séances ont commencé, longues, laborieuses, suivies, le conférencier proposant chaque fois le sujet de la discussion, et un grand nombre d'assistants volontaires, parmi lesquels il n'y avait pas que des professeurs, se mêlant aux débats avec un intérêt souvent passionné.

Ces séances se sont succédé chaque semaine, cinq mois durant. Et cela est déjà une réponse à ceux qui prétendent que les professeurs de l'Université se désintéressent de l'éducation morale de leurs élèves. Que pendant cinq mois

(1) Philosophie : MM. Lévy-Bruhl, professeur à la Sorbonne ; Marcel Bernès, Malapert et Belot, professeurs au lycée Louis-le-Grand. Mathématiques : M. Bioche, professeur au lycée Louis-le-Grand. Histoire : M. Gidel, professeur au lycée Saint-Louis. Lettres : M. Rocafort, professeur au lycée Saint-Louis. Grammaire : M. Clairin, professeur au lycée Louis-le-Grand. Classes élémentaires : M. Kortz, ancien proviseur du lycée Montaigne. Présidence de M. Alfred Croiset, doyen de la Faculté des lettres de Paris.

entiers, plusieurs heures par semaine, des professeurs, sans y être obligés, en dépit des fatigues professionnelles et de leurs travaux personnels, se soient réunis avec assiduité sur cet objet, cela prouve, il me semble, en faveur de l'attention qu'ils lui portent.

Quant aux résultats, on les trouvera consignés dans la publication qui a été faite de l'enquête elle-même (1). Pour moi, je voudrais exprimer ici, en toute indépendance, les réflexions que m'a inspirées ce congrès.

DE QUELLE ÉDUCATION IL S'AGIT

Je m'excuserai d'abord de seulement signaler la partie la meilleure de l'enquête, la plus solide, qui a fait l'unanimité ou presque dans

(1) *De l'Education morale dans l'Université*, in-12, chez Alcan.

le congrès et au dehors : je veux dire celle qui traite des sentiments et des goûts inspirés plus spécialement par l'enseignement universitaire, depuis les classes élémentaires jusqu'aux classes supérieures : l'amour désintéressé du vrai et du bien, la tolérance, le respect du travail, le goût de l'action, la sincérité, etc. Je les ai développés ailleurs. Les personnes qui en auront la curiosité les trouveront exposés aussi tout au long dans l'enquête avec une compétence indiscutable. J'arrive tout de suite à ce qui pourra être et a été déjà l'objet de contestation.

Ma première observation sera une critique, très importante à mes yeux, la plus importante de toutes, parce qu'elle englobe toute l'enquête, qu'elle s'attaque à sa base même. C'est qu'il a manqué une définition préalable de ces mots : l'éducation morale au lycée. De là, et tout de suite, et tout du long, du vague, de l'indécision, une brume générale sur tout ce qui était énoncé.

Quand un père de famille confie son fils à un professeur, il est trop évident qu'il compte que son enfant ne retirera de l'enseignement du maître que des leçons d'honnêteté, de sincérité, de patriotisme, etc., et cela s'appelle l'éducation morale. Mais s'il est intelligent et sérieux, ce père de famille compte bien aussi ne pas s'en tenir là ; car ce n'est pas *toute* l'éducation morale. Il lui faudra entrer et vivre dans l'intimité de cette jeune âme pour y cultiver les bonnes tendances, en arracher les mauvaises, y poser les fondements d'une loi morale stable, y bâtir enfin une conscience, affranchie à coup sûr, excepté pourtant du devoir. Et cela, il n'a pas la naïveté de l'attendre du professeur seulement. Si celui-ci est père de famille, il le doit à ses enfants, mais il est incapable de le donner à des élèves qu'il ne connaissait pas du tout l'année précédente, qu'il ne voit qu'en commun, pendant une année seulement, et deux ou trois heures par jour. Cela est l'évidence même.

Il y a donc deux manières d'entendre l'éducation morale. Il y a celle qui se dégage tout naturellement de l'enseignement que nous donnons, de quelque ordre qu'il soit. Elle est indirecte, celle-là, et collective, diverse et diffuse, distribuée de telle heure à telle heure, et en classe seulement.

Il y en a une autre, impliquée dans cette expression souvent entendue, *qu'il faut que le lycée supplée la famille.* Il ne s'agit pas là évidemment de l'éducation morale dégagée par l'enseignement proprement dit, la famille ne songeant dans aucun cas à enseigner. Celle-là est directe et personnelle; elle est son but à elle-même; elle est intégrale; elle est donnée à toute heure du jour, et dans n'importe quel exercice, en classe, en étude, en récréation, et même au réfectoire. Elle va droit à l'âme, sans avoir toujours besoin de passer par l'esprit.

C'est cette distinction préliminaire que j'aurais voulu que quelqu'un établît dès la première séance, qui ne l'a pas été, et qu'on n'a pas paru généralement adopter quand j'ai eu l'honneur de l'indiquer (1).

Je la maintiens tout de même, avec un redoublement d'énergie, depuis l'agréable surprise que j'ai eue de la retrouver sur les lèvres de M. Lavisse, dans la conférence qu'il a faite à la Sorbonne, le 26 mai 1901, sous les auspices du comité Dupleix. Parlant du futur collège de Normandie, il a dit en propres termes : « La vie de famille sera la grande nouveauté des nouveaux collèges. Par elle se fera l'éducation *directe* et *personnelle*... l'éducation s'ensuivra, la *vraie*, la *directe*, celle qui embrasse *tout* l'enfant (2). » Et la

____

(1) *De l'Éducation morale dans l'Université*, p. 123 et suiv.

(2) On peut lire cette conférence dans la *Revue de Paris* du 1ᵉʳ juin 1901. Mais la lecture que je recommande est surtout du livre récemment paru : *Comment élever nos fils*, par M. Joseph Duhamel, directeur du collège de Normandie. Les idées du vaillant éducateur concordent si parfaitement avec les miennes, son ouvrage est pour ma thèse un argument si précieux, quoique inattendu, que je me permettrai

suite. Apparemment M. Lavisse n'a insisté avec tant de force sur les qualités de cette éducation nouvelle que parce qu'il en a constaté l'absence dans l'éducation présente.

A ne pas avoir pris en considération cette distinction fondamentale, je crains que notre enquête n'ait pas eu tout le résultat que nous en attendions. On aura estimé que nous en avions ou trop dit ou pas assez. Trop, si on se met au point de vue de cette éducation indirecte et collective qui ressort naturellement de la classe. Autant aurait valu démontrer longuement la lumière en plein jour. Pas assez, si l'on envisage la seconde, directe et personnelle, autrement profonde, mais aussi plus complexe et plus difficile. A quoi a pu tenir de notre part une vue si incomplète des choses? A une inintelligence invraisemblable de ce qui est le fond même de la question?

d'y renvoyer souvent le lecteur. Pour commencer, voir le passage où M. Duhamel justifie la distinction que je viens de poser, p. 57, 58.

ou au mode de recrutement trop exclusif des conférenciers, parmi lesquels il n'y avait que des professeurs ?

INTELLECTUALISTES ET EMPIRIQUES

Il y aurait une autre explication, l'état de notre enseignement philosophique. Une éducation personnelle et totale, comme celle que vante M. Lavisse, exige une doctrine morale, ferme et déterminée, au nom de laquelle on parle à l'âme de la jeunesse. Or, nous n'en avons pas. Cela est résulté avec la dernière évidence, d'abord du titre de la première conférence, celle de M. Lévy-Bruhl, *Traditions et tendances* de l'Université, qui a été substitué, et pour cause, au titre primitivement choisi, *Doctrine morale* de l'Université ;

puis des conclusions du conférencier lui-même, enfin du désaccord profond de ceux qui ont discuté avec lui (1).

(1) La thèse de M. Lévy-Bruhl se résumait ainsi : l'Université peut donner une éducation morale, mais non un enseignement moral, la science morale contemporaine étant dans un état encore trop « inchoatif ». Contre cette thèse, MM. Darlu, inspecteur général de l'Université; Belot et Gauthier, inspecteur d'Académie, se sont immédiatement élevés.

M. Darlu, il est vrai, a paru ensuite avoir modifié un peu son opinion. Préoccupé de rappeler sans cesse les orateurs à la question pratique, il a laissé échapper : « Si l'on veut traiter de l'idéal, on ne s'entendra plus. »

M. Marcel Bernès a abondé plus nettement dans le sens de M. Lévy-Bruhl : « L'accord n'existe guère sur les dogmes, sur les principes et même sur les faits positifs de l'ordre moral et social... L'Université n'est pas une église et n'a pas à imposer de *credo*, même purement métaphysique. »

M. Cahen, professeur au lycée Louis-le-Grand, a fortement appuyé « qu'il ne doit pas y avoir d'esprit dogmatique dans l'éducation du lycée ». De même M. Malapert a estimé que les « diversités, les discussions sont, au point de vue universitaire, la condition même de l'éducation morale ».

En revanche, M. Belot a soutenu que « nous devons concevoir la possibilité d'enseigner une morale laïque fondée sur les nécessités morales seulement ».

Puis M. Lalande, professeur au lycée Michelet, ayant établi avec plus de précision encore qu' « il y a des dogmes scientifiques », M. Belot s'est rallié à son collègue.

A ces opinions divergentes, qui, si leurs auteurs avaient

Nous n'avons donc pas de doctrine morale. Il est vrai que la plupart de ceux qui en convenaient ont en même temps, d'une façon plus ou moins catégorique, émis l'avis qu'il n'en était pas besoin. L'éducation intellectuelle serait, d'après eux, une éducation morale suffisante; il existerait comme une équivalence de l'instruction et de la moralité (1).

eu le loisir de les développer, n'auraient pas manqué d'accuser des diversités entre celles-là mêmes qui paraissent au premier abord le mieux s'accorder, si on veut bien ajouter la mienne, laquelle n'est pas du tout celle de mes précédents collègues, on aura la plus belle cacophonie qu'on puisse imaginer.

(1) M. Marcel Bernès a condamné comme une « erreur » la proposition que voici : « que l'éducation au lycée peut et doit se séparer de l'instruction, ou l'éducation morale de la culture intellectuelle; que la volonté dans la vie, valant plus que l'intelligence, doit être aussi tenue au lycée pour supérieure; qu'il faut, dès lors, organiser l'éducation de l'une comme on a organisé l'éducation de l'autre, et donner à la première le pas sur la seconde. » p. 40.

Plus loin il conclut « qu'en dehors de l'éducation intellectuelle il y aurait danger à organiser régulièrement et d'une façon continue dans nos lycées un autre système de procédés éducatifs ». p. 43.

De même M. Malapert : « Le rôle de l'Université, son rôle moral profond, c'est de donner par l'enseignement,

Ce sont les optimistes sur lesquels les études de M. Alfred Fouillée et les statistiques de M. A. Guillot ont été sans effet, de même l'expérience des mœurs actuelles. Leur confiance est fondée sur l'exemple de quelques hommes à qui, effectivement, l'instruction a suffi à suggérer une élégance morale qui leur tient lieu de toute loi, de toute croyance. Mais, outre que je ne suis pas sûr de ce que vaudrait cette élégance aux prises avec la maladie, la misère, la persécution, ou tout simplement une passion violente, elle ne sera jamais le partage que d'une élite, le privilège de philosophes et de savants. L'immense ma-

par l'instruction, une méthode, un instrument de libération intellectuelle. » p. 55.

Voyez aussi M. Gustave Lanson : « Quant à l'éducation intellectuelle, il faut bien entendre qu'elle est la base de toute éducation morale. Il est très vrai, malgré les contradictions intéressées, que l'instruction a, par elle-même, une vertu libératrice, donc éducative. Si l'on tient l'esprit serf, on pourra armer des volontés, tremper des caractères; ce sera un dressage, ce ne sera pas une éducation. Ce serait un recul désastreux de ne pas faire reposer l'éducation sur la science. » *Ouvrage cité*, p. 56.

jorité des hommes en est incapable. De l'esprit des masses l'instruction ne descend pas si facilement dans leur cœur, et c'est là que résident toutes les mauvaises passions qu'il s'agit de combattre.

L'instruction n'est pas nécessairement moralisatrice. Il est des cas où elle n'a abouti qu'à fournir à l'homme plus de moyens de faire le mal. La fin de l'homme étant le bonheur, il y aspire de toutes les énergies de son être; l'instruction les décuple, voilà tout, sans distinguer entre les bonnes et les mauvaises. Voyez l'élite, celle qui s'est attribué le nom démocratique d'aristocratie intellectuelle : quand elle n'est pas immorale, elle est le plus souvent « amorale ». Elle feint de croire à la distinction essentielle du bien et du mal, mais cette distinction est à l'usage du peuple, avec les wagons de troisième classe et les restaurants à bon marché. L'élite la relègue dans le domaine du relatif. La morale n'est que l'art de réussir, et le train dont va le monde est une comédie amusante dont il est plaisant de s'offrir le spectacle, après s'être assuré d'un bon fauteuil. Des sceptiques et des dilettantes, voilà de quoi surtout se compose cette élite si vantée.

J'ai démontré moi-même ailleurs que la vertu éducatrice de l'enseignement proprement dit, dans toutes les classes, était indéniable. Il ne faut pourtant pas s'exagérer l'efficacité de ces belles leçons, greffées sur les souvenirs classiques de la Grèce et de Rome (1). La formation qu'on en tirera sera

(1) C'est le paradoxe développé dans son discours à la dernière distribution des prix du concours général par M. Nollet, professeur au lycée de Versailles. Après avoir parlé de la satisfaction d'art que procurent les œuvres des classiques, il ajoutait : « Si cette satisfaction se réduisait à un simple plaisir, on pourrait l'accuser d'être étrangère aux véritables fins de l'éducation.

« Mais elle est plus qu'un plaisir : elle s'accompagne d'un jugement raisonné, elle évoque en votre esprit, dans l'ordre des choses possibles, une perfection supérieure à tout ce que vous ont révélé les œuvres des hommes. Ainsi naissent en vous des facultés nouvelles, et, grâce au jeu de ces facultés, l'habitude de demander aux lettres non seulement un avertissement élevé, un plaisir noble, mais de

plutôt esthétique et sociale que morale, elle se haussera difficilement, si elle n'a d'autres supports plus assurés, à la pratique des vertus. Ce réseau de devoirs officiels, au moins aussi large que les mailles du Code pénal, laissera passer beaucoup de défauts et même de vices, de ceux, il est vrai, qui n'excluent pas toujours de la considération et des honneurs, mais qui tout de même empêchent de se dire un tout à fait honnête homme. C'est qu'il n'y a rien dans l'instruction qui commande le sacrifice. A côté et au-dessus d'elle il faut un principe qui impose l'obligation intime, impérative, absolue. Sans obligation, pas de

généreuses inspirations, et comme les moyens de vivre en beauté.

« Car cette beauté que nous révèlent les œuvres des classiques n'est pas une beauté stérile : comme, à de certains moments, elle tend à se confondre avec la perfection morale, elle peut devenir en nous directrice d'activité. Qui réglerait sa vie d'après elle serait gardé de bien des fautes.

« L'homme d'un goût délicat et pur, parce que le goût n'est que la raison appliquée au jugement des choses littéraires, aura fort peu à faire pour être un homme de bien, un citoyen utile à son pays. »

loi morale. J'ajoute, sans obligation qu'on aime, car on n'obéit réellement qu'à ce qui (doctrine ou personne) est l'objet de désir (1).

Cet axiome d'expérience ne vaut pas seulement contre les purs intellectualistes, elle atteint également les empiriques, qui, partant de l'impossibilité supposée de s'accorder sur une doctrine commune, se contenteraient qu'on créât dans les jeunes âmes « des habitudes sérieuses, droites, consciencieuses », cela suffisant, disent-ils, à constituer « une morale très solide, très persuasive, très efficace (2)». On leur accorderait volontiers que

(1) Après avoir rejeté toute éducation qui ne serait pas qu'intellectuelle, M. Gustave Lanson, se tournant vers les élèves, leur tient ce langage : « La volonté *doit* être forte; il *faut* se mettre, dans l'action, au-dessus de la peur, au-dessus de l'intérêt, au-dessus des affections même, des sympathies et des respects; tout sacrifier au vrai qu'on connaît, au devoir qui commande. » *Ouvrage cité*, p. 59. C'est facile à dire! Le jeune homme, dont l'éducation aura été seulement intellectuelle, demandera qu'on lui « prouve » que tel est son devoir, telle son obligation. Et nous savons tous que le moyen de le « prouver » n'existe pas.

(2) C'est l'opinion exprimée par le président, M. Alfred

les qualités obtenues par les exercices intellectuels, l'attention, la régularité, l'amour du travail, sont « des vertus morales » ; mais ils prétendent que des motifs d'agir tels que le respect de soi, le désir de plaire à ses parents et à ses maîtres, le sentiment du bien public, exercent une si grande puissance sur les âmes bien nées, que le rôle de l'éducation au lycée doit être seulement de les développer.

Je commence par déclarer que je préfère

Croiset : « Les principes métaphysiques habitent, pour ainsi dire, une région supérieure d'où ils ne descendent que rarement dans le domaine de l'action. En matière d'éducation, l'influence n'appartient donc pas seulement à ceux qui établissent, au point de vue théorique, les fondements derniers de la morale. Elle appartient tout autant à ceux qui développent les motifs immédiats d'action, et ces motifs, en fait, n'ont le plus souvent rien de métaphysique. « Il n'est donc pas vrai qu'une morale pratique fondée sur ces motifs soit une morale en l'air... Elle laissera aux familles, aux ministres des confessions différentes, le soin de rechercher les principes et de les établir ; et quant à elle, sans entrer jamais en conflit avec les doctrines, elle se tiendra fermement sur le terrain de l'action, où elle trouvera beaucoup de bien à accomplir. » *L'Éducation morale dans l'Université.* Avant-propos, p. IX.

do beaucoup à l'intellectualisme pur des précédents cet empirisme, plus conforme à la nature des enfants et partant plus efficace. Il y a longtemps qu'Aristote l'a dit : la droite conduite dépend moins des idées que l'on a, que des habitudes que l'on prend. D'une manière générale, l'éducation universitaire raisonne trop et dispute à l'excès. L'imitation, la suggestion, le prestige, l'exemple, l'entraînement par l'association des mêmes pensées et la répétition des mêmes actes, sont des procédés infiniment supérieurs à l'enseignement pur et simple du système d'éthique le plus parfait. « Quand on interroge nos élèves-maîtres sur les leçons de morale qui leur ont été faites, » écrit un professeur d'école normale, « on constate avec étonnement et avec tristesse deux faits : 1° ils ne comprennent pas bien la morale théorique; 2° cette morale théorique n'a produit aucune conviction en eux... Ainsi : peu de profit intellectuel et point de profit moral. La faute

en est au programme de morale théorique, à
cette morale de Kant si élevée, mais si nua-
geuse et si peu accessible à des esprits ordinaires. Toutes ces discussions interminables
sur les fondements divers de la morale, toutes
ces formules abstraites sur l'impératif catégorique ne pénètrent pas l'esprit de nos jeunes
gens; ne comprenant pas la beauté intrinsèque de cette doctrine, ils en retiennent surtout des expressions et des formules rébar-
batives, dont ils sont portés à sourire, et,
par suite, il n'entre nulle conviction dans
leur âme; leur éducation morale est manquée : l'irrécusable témoignage en est dans ce
fait qu'ils rient de la morale (1). » Combien
d'élèves de philosophie nous avons connus
qui ne se distinguaient pas de ces élèves-
maîtres! C'est pourquoi, je le répète, à ce
kantisme dont la plupart rient, en attendant
peut-être que pharisaïquement ils se drapent

(1) M. Bidart, dans la *Correspondance générale de l'enseignement primaire*, 15 novembre 1894, p. 28.

dans ses formules, volontiers je préférerais des « bonnes habitudes ».

Cependant, outre qu'il serait naïf de se faire des illusions sur l'invincibilité de ces habitudes au choc de l'intérêt ou de la passion, on conviendra que, s'il est important de tourner au bien l'inconscient de l'élève, le concours de sa réflexion ne peut que servir ses réflexes, qu'elle contribuera certainement à les fixer, et qu'enfin une volonté qui sait pourquoi elle se détermine n'en est que plus solidement armée contre la défaillance. Jamais la nature humaine ne sera trop protégée contre elle-même.

J'entends bien que nos empiriques ne le sont que faute de mieux; dépourvus de doctrine, ils plaident qu'il n'y a pas d'inconvénient à la couper; leur neutralité n'est au fond que de l'impuissance. Nous ne les écouterons pas. Nous leur montrerons que nous avons mieux que des habitudes et des tendances, mieux que « les sentiments et les idées auxquels on demande conseil » : nous avons des principes, dont nous prenons les ordres; des principes, dont nous avons le droit de vanter nous aussi le libéralisme, puisque, pas plus que leurs « habitudes », ils n'excluent aucune confession religieuse, aucune saine philosophie.

IL Y A UNE MORALE NATIONALE

Nos discordances morales seraient, dit-on, un objet de souci en haut lieu. Il paraît que dans les conseils de l'Université on estime que l'enseignement philosophique des lycées n'a pas donné ce qu'on en attendait. On aurait songé un moment à le corriger, par la promulgation d'une doctrine commune, et par la suppression de la classe de philosophie, dont on aurait échelonné les principales leçons dans la série des classes précédentes. Sans garantir l'authenticité de ces bruits, qui dans tous les cas ne se sont pas réalisés, j'y relève des indications de malaise concordant avec mon sentiment personnel.

Laissons de côté le point de savoir s'il serait ou non préférable de supprimer la classe de philosophie. Je crois voir plus nettement qu'au point de vue de cette éducation morale qui nous occupe, il conviendrait d'en modifier l'esprit, ou plus exactement de le généraliser et de le fixer.

Aujourd'hui, de droit ou de fait, la doctrine du professeur est libre. Positivisme, évolütionisme, panthéisme, spiritualisme, surtout agnosticisme, il n'est pas de système qui n'ait son partisan plus ou moins déclaré. Les élèves le savent, et j'en ai entendu s'excuser de leur échec au baccalauréat par l'opposition de la doctrine de leur professeur avec celle de l'examinateur. Perpignan ne pensait pas à l'unisson de Montpellier. Constatation qui équivalait à un premier germe de scepticisme.

Cette multiplicité plus ou moins apparente de doctrines est entrée dans l'Université à la faveur de la fameuse neutralité scolaire. Puisqu'on avait proclamé la liberté de conscience, la première qui eût le droit de se libérer était celle du professeur. Je ne récrimine pas, je constate; j'estime même que cette conséquence était naturelle et légitime. C'est à la neutralité elle-même que j'en veux.

La neutralité n'est pas un principe d'éducation morale. Qui dit éducation dit action. L'éducateur se propose d'agir sur la jeunesse et de lui fournir des raisons d'agir. La neutralité, pour lui comme pour les élèves, est une école de paralysie (1). Elle est une pré-

(1) Le bizarre dilemme dans lequel la neutralité a enfermé les professeurs de l'Université a été très bien mis en lumière par l'un d'entre nous : « On nous demande, et plus que jamais aujourd'hui, de faire œuvre d'éducateurs, de fournir des principes à la jeunesse, de discipliner les vo-

paration méthodique, quoique latente, au scepticisme universel. Et l'on connaît les effets individuels et sociaux du scepticisme : l'affaissement des caractères, la défaillance des volontés, l'incapacité du sacrifice ou de l'effort, tous les traits des mœurs actuelles. On ne tient à rien, parce qu'on ne croit à rien.

Est-ce à dire que je veuille investir l'État, ou, ce qui est tout un, l'Université, du droit de décréter une morale? Certes non ; l'État, personne anonyme, changeante et irrespon-

lontés. Comment le ferons-nous sans empiéter sur les droits de la personnalité qui se forme, sans compromettre la liberté de ses choix futurs, sans exercer une pression sur son originalité native? Notre devoir se présente ainsi sous deux faces contradictoires. Il nous faut d'un côté exercer une action, être des initiateurs, des directeurs, des maîtres enfin; et d'autre part nous devons respecter la liberté de la réflexion et la spontanéité de la nature individuelle. Si nous négligeons cette seconde partie de notre tâche, on nous reprochera d'être des dogmatiques et de paralyser l'énergie naissante; et si nous oublions l'autre, on nous accusera de faire des sceptiques, de jeter l'âme de nos élèves désemparée et sans boussole au milieu des tourbillons de la vie. » BELOT, *Discours des prix*, dans *le Temps*, 30 juillet 1899.

sable, n'a pas qualité pour cela : il en changerait trop souvent, avec chaque parti victorieux. Et voilà pourquoi je lui dénie le droit de tenter sur la jeunesse des expériences morales. Mais je soutiens qu'il a le devoir de maintenir la morale qui est en possession de l'esprit public, celle qui actionne la masse de la nation, qui a fait ses preuves, au point de vue collectif autant qu'au point de vue individuel. L'éducation de la jeunesse n'est pas une fonction d'État, admettons-le. Mais tant que l'État gardera cette fonction (et il a plutôt l'air en ce moment de vouloir se la réserver tout entière), il a le devoir de rester fidèle à l'idéal commun, conscient ou non, de ceux qu'il représente en les résumant. Pourquoi cela? parce qu'il n'est pas de sa compétence de juger de la relativité de cet idéal; parce qu'il suffit que cet idéal soit celui d'un peuple donné, à un moment donné, pour qu'il ait envers ce peuple une valeur absolue; parce que c'est sur cet héritage séculaire de traditions, ou, si l'on veut, de préjugés, que se fonde cette discipline morale commune, sans laquelle il n'y a pas de société possible. L'État ne défend-il pas la patrie et n'entretient-il pas une armée, malgré qu'il y ait en France des internationalistes? ne défend-il pas la propriété, malgré qu'il ne manque pas de collectivistes? je dis que de même l'État a l'obligation de défendre et par conséquent d'enseigner dans ses collèges la morale commune, à l'heure qu'il est, à presque tous les Français; non par raison métaphysique, et parce qu'il la croit la meilleure; mais par raison de fait, parce que les choses sont ainsi.

Quelle est-elle? c'est le spiritualisme, avec ses assises fondamentales, la liberté, l'âme et Dieu. Si je philosophais, je dirais qu'en la sapant pour faire pièce à l'idée religieuse, on sape la base essentielle de la morale, on ôte à chacun de nous toute raison catégorique de se conduire en honnête homme lorsqu'il jugera avoir plus d'intérêt à se conduire autrement. On développe par conséquent l'égoïsme, on fomente l'anarchie, on nous prépare un peuple de jouisseurs. Si la grande majorité des positivistes athées est et demeure composée d'honnêtes gens, cela tient à ce qu'ils ne vont pas jusqu'aux dernières conséquences pratiques de leurs doctrines, et cet illogisme ne s'explique que parce qu'ils vivent dans une atmosphère encore saturée des idées morales et religieuses qui ne sont pas les leurs, mais dont ils reçoivent malgré tout, ou subissent l'heureuse influence. Nous mourons de ce qui nous manque de spiritualisme chrétien, nous vivons de ce qui nous en reste (1).

(1) Voici quelques échantillons pris au hasard de « foi morale » proposés pour remplacer la vieille foi dont on rougit. M. Henri Berr, professeur au lycée Henri IV : « Quelle douceur, et quelle fierté de vivre, si l'homme se voit placé au cœur de l'Être, pour affirmer, pour concevoir, pour réaliser l'Unité !... C'est le règne de la Synthèse... » *Peut-on refaire l'unité morale de la France ?* p. 145.

M. Eug. Landry, professeur au lycée de Bar-le-Duc :

Mais on ne philosophe pas avec l'État. Ce qui doit valoir à ses yeux, le voici : sur 38 millions de Français, plus de 20 millions, par leur foi religieuse, professent cette doc-

« Mon savoir, ma croyance, mon devoir, se résument en deux mots : je veux d'une ferveur constante le progrès do mon âme et de l'humanité. Cette chose seule est nécessaire. Et s'il est un Dieu dans les entrailles de l'univers ou au delà des espaces, à l'origine ou à la fin des jours, et qu'il ait connaissance de mon humble passage sur le théâtre immense de l'être, il pourra lire dans mon cœur, il sera content de moi ! » *Le Volume*, 14 juin 1902, p. 636.

On reconnaîtra que voilà, pour être proposés à des jeunes gens, des raisons de vivre un peu obscures, des motifs d'agir un peu languissants.

A ces métaphysiciens comme aux intellectualistes, aux empiriques et aux païens de tout à l'heure, je laisserai à Taine le soin de répondre. Après avoir, dans sa *France contemporaine*, reconnu le degré d'intensité de la force du christianisme, mesuré son retentissement, supputé le vide que laisserait son absence, il a conclu en ces termes : « Quand on s'est donné ce spectacle, et de près, on peut évaluer l'apport du christianisme dans nos sociétés modernes, ce qu'il y introduisit de pudeur, de douceur et d'humanité, ce qu'il y maintient d'honnêteté, de bonne foi et de justice. *Ni la raison philosophique, ni la culture artistique et littéraire, ni même l'honneur féodal, militaire et chevaleresque, aucun code, aucune administration, aucun gouvernement ne suffit à le suppléer dans ce service.* »

trine ; presque tous les autres agissent comme s'ils y croyaient, ou sont *agis* par elle. Si de grands génies en ont donné plus d'une expression savante, le vulgaire la traduit à sa façon dans le culte des morts et dans ces proverbes courants : qu'il n'y a pas d'horloge sans horloger, ou que tout se paie. Et ne voyons-nous pas tous les jours des athées de carrière s'infliger au foyer familial des démentis à la fois comiques et touchants? Ce n'est donc pas la protestation de quelques milliers de dissidents qui doit nous intimider. Et si le jeu de la politique les avait installés dans le gouvernement, l'Université devrait posséder une organisation, un esprit de corps, des traditions et des franchises si solides, si respectées, que ces dissidents en fussent réduits à l'impuissance. L'Université avait cela au moyen âge.

Remarquez, je vous prie, que je ne parle pas de l'enseignement supérieur, de la revue, du livre, où chacun resterait libre d'exposer ses opinions. Mon dogmatisme ne dépasse pas l'école primaire et le lycée, où nos jeunes gens sont encore incapables de penser par eux-mêmes, de se défendre, où on ne les a pas envoyés pour entendre la réfutation des croyances transmises par leurs pères. Il ne faut pas que la concentration universitaire dégénère en confusion. Tandis que la libre recherche est la condition essentielle de l'enseignement supérieur, elle ne peut être qu'un trompe-l'œil dans les deux autres. Nos élèves, même à seize ou dix-sept ans, sont de grands enfants, parmi lesquels « l'enfant sublime » reste une exception.

Je n'entreprends pas davantage contre la neutralité confessionnelle, puisque l'enseignement que je préconise, sans chercher le point de départ dans les dogmes d'aucun culte particulier, les servira tous également en imprimant profondément dans le cœur et dans l'esprit de la jeunesse les grandes vérités primordiales qui sont la base commune de toutes les religions (1).

Je ne fais pas non plus du spiritualisme une question de chapelle. Je ne particularise pas, je prends cette dénomination dans son sens le plus large, comprenant à la fois le dynamisme de M. Fouillée, le kantisme de M. Boutmy, l'idéalisme de M. Lachelier, le spiritualisme de M. Rabier. Est pour moi du spiritualisme toute philosophie qui laisse sauve la croyance à l'existence de Dieu, à la liberté humaine et à la vie future.

Enfin, je ne songe pas un instant à l'usage

(1) N'est-ce pas à ces vérités-là qu'a voulu faire allusion le directeur de l'enseignement secondaire, M. Rabier, dans ces paroles (*De l'Éducation morale dans l'Université*, p. 55) :

« Lorsque M. Cahen demande s'il y aura une doctrine, un *credo*, un catéchisme universitaire, tout le monde répondra non. Mais n'y a-t-il pas cependant des idées, des principes, qui jusqu'à ce jour ont été généralement admis dans l'Université, qui ont fait son unité morale, sa force, son action comme éducatrice de la nation ? Ces principes exprimés ou sous-entendus sont le fond de tous nos programmes de morale. » M. Rabier n'a eu occasion de citer comme exemple de ces principes que l'idée de patrie.

dans le lycée des preuves théologiques. Les preuves morales suffisent, si on les présente sans ironie et avec conviction. Elles établissent des *réalités* morales, égales en certitude aux réalités positives, sans que cette certitude soit du même genre. M. Berthelot, qui ne passe pas pour un esprit superstitieux, a écrit que c'étaient « des *faits* qu'aucun raisonnement ne saurait ébranler (1) ». Qu'on les présente comme des *faits*, je n'en demande pas davantage, pourvu qu'on les présente d'un commun accord, et dans toutes les chaires sans exception de l'enseignement secondaire. De savoir s'il convient ou non de les fortifier d'une foi confessionnelle, cela regarde les familles.

Je reviens, pour m'autoriser de son exemple, au collège de Normandie. M. Lavisse nous a raconté, en l'approuvant, que ce collège ne se désintéresserait pas de l'éducation religieuse,

______

(1) Cité par M. Jules Lemaître dans sa réponse au discours de réception de M. Berthelot à l'Académie française.

et que, le soir, avant de se coucher, les élèves seraient réunis pour entendre une courte lecture morale que leur ferait le maître avec quelques mots de commentaire (1). Il a conclu : « Cette méditation simple et grave terminera bien la journée. » Et les chefs de l'Université, dont la plupart étaient sur l'estrade, ont applaudi ce discours. Qu'est-ce que je demande davantage? Je demande même moins, puisque je me contenterais du dogmatisme intellectuel et moral impliqué dans cette pseudo-prière, sans la prière. Est-ce que la même chose qu'on trouve bonne pour un collège privé, ne le serait plus dès l'instant qu'il s'agit d'un collège de l'État?

(1) Il faut lire, dans *Comment élever nos fils*, p. 78, tout le chapitre sur la question religieuse. On y verra que directeur et professeurs auront au collège de Normandie une attitude non pas confessionnelle, mais nettement religieuse : « Elle (notre collaboration) sera d'une neutralité bienveillante et respectueuse au point de vue dogme, active pour le reste. » La même attitude est observée au collège des Roches (Verneuil) et au collège de l'Ile-de-France (Liancourt).

L'ACCORD NÉCESSAIRE DES AGENTS DE L'ÉDUCATION

Une doctrine morale certaine, c'est beaucoup pour réussir dans l'éducation, ce n'est pas tout. Donnez-la aux professeurs de l'Université, j'en serai d'autant plus satisfait que je défie bien, à l'époque où nous sommes, qu'on puisse leur en imposer une autre que la mienne; mais cela ne fera pas encore que l'éducation par la classe soit *toute* l'éducation. Or, c'est *toute* l'éducation que l'Université s'engage à donner à ses internes. Pour ceux-là du moins, elle assume de suppléer la famille. Comment s'y prend donc la famille?

L'éducation des enfants commence au berceau. C'est pour cela que la famille est si éminemment qualifiée pour l'éducation. L'enfant naît avec des tendances dominantes, bonnes ou mauvaises. Aux personnes qui vivent auprès de lui, aux parents et plus particulièrement à la mère revient la charge de les épier pour favoriser les unes, celles qui sont reconnues utiles par la sagesse humaine; pour contrarier les autres et, sinon les supprimer, du moins autant que possible les dériver au bien. Ce sont encore les parents qui dirigent les premières manifestations de sa volonté et qui appliquent bien ses premiers instincts de curiosité, d'imitation et de crédulité. Ce sont eux qui s'attaquent à ses premiers défauts : l'égoïsme, la colère, la peur et la jalousie.

L'enfant devenu jeune homme, la famille poursuit sa mission. Seulement elle y met d'autres nuances de finesse et de tact que comportent l'apparition de passions nouvelles et en même temps les progrès de la raison. Il y a tout un art d'observations fines et continuelles, qui font voir aux parents, à chaque instant, ce qui se passe dans le cœur des jeunes gens, et les disposent à porter à chaque mouvement secret la force qu'il faut pour le suspendre ou l'accélérer. Cet art ne s'apprend guère ; dans tous les cas, ce n'est pas par le sermon qu'il s'exerce, laïque ou non. L'exemple est son plus grand moyen, l'exemple qu'on pourra souligner à l'occasion, sans en avoir l'air, d'un commentaire bref, pour que le jeune homme s'explique votre conscience ; mais ce sera toujours l'exemple, discret et continu, dont son âme demeurera comme parfumée. Et c'est cela qui sera la moralité de l'homme, un fond malgré tout inaltérable et indestructible par son homogénéité, par sa continuité, par sa durée.

Si c'est cela une éducation, quelque chose d'individuel, de minutieux et de continu, je vois bien comment cette influence de la famille peut être secondée ou contrariée par la parole du professeur, je ne comprends pas comment cette parole peut suffire à la remplacer. En effet, elle s'adresse de haut et de loin à beaucoup d'enfants à la fois, deux ou trois heures par jour, et chaque année, ou presque, elle change! Elle tombe sur des cœurs sans contact avec le maître, elle dégénère le plus souvent en cette forme, odieuse et stérile, du sermon!

Il y a donc là une lacune à combler, qui a visiblement préoccupé les promoteurs des nouvelles réformes. Imitons du plus près la famille, car il faut désespérer de la remplacer entièrement. Une doctrine morale est un premier moyen. Voyons les autres.

Il faudrait d'abord chez les maîtres la vocation. Elle n'est pas indispensable à un bon professeur. L'honnêteté naturelle, le sentiment du devoir et l'amour de ce qu'on enseigne suffisent. Or, nous aimons nos études, nous sommes d'honnêtes gens et des fonctionnaires dévoués. Oserai-je taxer ces dispositions d'insuffisance s'il s'agit, non plus seulement d'enseigner l'élève, mais de remplacer la famille auprès de lui, d'être pour lui absolument ce que le père est pour son enfant? notre rôle à son égard va se doubler d'une foule de devoirs minutieux, persévérants, intimes, dans lesquels l'universitaire n'aime guère s'engager, parce qu'il n'en a pas le goût. Il y faut la véritable vocation pédagogique, où l'intelligence et l'instruction n'ont pas seules leur part. Le cœur aussi doit y aller du sien (1).

Encore ce qui importera beaucoup, c'est la connaissance de l'élève, non plus vague et superficielle, comme on connaît un numéro, non plus une connaissance de calepin, mais la connaissance à fond et toujours présente

(1) *Comment élever nos fils*, p. 69 : « Le professeur du collège de Normandie n'aura pas choisi la carrière de professeur comme pis aller, faute d'aptitude à une autre profession, mais parce qu'il s'y sera senti poussé par un désir ardent de donner le meilleur de lui-même, et de le donner sans réserve, aux enfants qui lui seront confiés.

« Il montera dans sa chaire, non parce qu'il est « payé pour y être », mais parce qu'il sera là dans son élément. Il sera professeur, non par métier, mais par vocation, par un appel de l'esprit et du cœur. »

de son caractère, de ses tendances. Pour cela, que les classes comptent le moins d'élèves possible. Pas de classes de cinquante élèves et au delà, mais de vingt à vingt-cinq tout au plus. Au lieu d'un professeur par classe, il y aura des groupes de professeurs qui suivront les mêmes élèves par ordre de classes (1). J'aurais aimé que le professeur de lettres, par exemple, reçût du professeur de grammaire, à la fin de la quatrième ou de la troisième, les élèves qu'il eût gardés jusqu'au seuil de la philosophie. Je sais les avantages intellectuels que retire l'élève pour son instruction du changement et de la diversité des professeurs : ils me frappent moins en ce qui touche son éducation.

(1) Au collège de Normandie, les élèves n'auront guère qu'un professeur unique. M. Joseph Duhamel lui assigne, il est vrai, un peu plus d'élèves que je ne fais au professeur de lycée, trente-cinq environ, mais c'est parce que le maître trouvera facilement, dans la vie en commun qu'il vivra avec eux tous les jours, le moyen de les connaître bientôt individuellement et à fond.

Le professeur ne pourra plus être considéré isolément, car ce n'est pas un professeur seul, quel qu'il soit, qui est le dispensateur exclusif de l'éducation morale. C'est le lycée entier qui la donne, sous la responsabilité du proviseur, et par l'intermédiaire de tous les professeurs et de tous les surveillants réunis; et par conséquent le professeur, perdant un peu de cette autonomie qui était possible et légitime dans le premier cas, devient davantage une pièce de la machine, un rouage, le plus important sans doute, mais qu'il faut, encore une fois, considérer non plus isolément, mais en combinaison avec tous les autres, si l'on veut se faire une idée exacte de son rôle, de ses droits et de ses devoirs.

Il devra donc être un représentant fidèle de l'esprit général de la maison où il enseigne. Une éducation profonde et complète ne peut être obtenue sans l'unité constante, quel que soit le nombre des agents, de leurs vues, de leurs tendances, de leur doctrine morale. L'esprit de la maison devra se dégager de la moindre parole de chacun, et surtout de leur exemple ; car l'exemple, en matière d'éducation, a une force de pénétration supérieure à la parole (1). Sinon ce serait la contradiction, immédiatement visible aux élèves, et par conséquent l'anarchie, mère du scepticisme ; la ruine de l'éducation pendant le temps même où on serait occupé de l'instituer.

Collaborateurs intimes d'une même tâche, il sera aussi indispensable que professeurs et proviseur se voient souvent, pour se concerter, pour se donner et s'emprunter mutuellement tous les renseignements utiles sur le travail et les progrès, sur le caractère, les qualités et les défauts des élèves qui leur seront communs. Tel professeur, qui aura

(1) *Comment élever nos fils*, p. 68 : « Il faudra que directeur et professeurs aient le même idéal... L'attitude de l'un devra être l'attitude de l'autre... De cette homogénéité dépendra le succès. Directeur et professeurs formeront ainsi comme un attelage bien dressé... »

de l'influence sur un élève, pourra par des admonestations sauver ou seconder l'action de tel autre collègue moins heureusement adapté. La comparution devant cet aréopage, dans certains cas déterminés, exercera sur l'élève une influence plus décisive peut-être, et en tout cas plus morale que les punitions. C'est d'ailleurs ce qui se passe dans certains lycées, du moins entre quelques professeurs. Il suffira d'avoir généralisé ces essais, isolés et exceptionnels.

Enfin et surtout le professeur ne sera plus considéré indépendamment du répétiteur de ses élèves. — Mais le répétiteur a vécu ! — Sur le papier, c'est possible ; mais comme il y en aura longtemps encore, et que, pour ma part, je n'ai jamais envisagé qu'il fût nécessaire de le supprimer, je continuerai à raisonner comme si l'existence de cet auxiliaire, plus utile encore que modeste, n'était nullement menacée. Donc le professeur et lui ne devront faire qu'un, et de cet accord étroit dépendra le succès de l'éducation de leurs élèves communs. Le professeur passe en moyenne trois ou quatre heures par jour avec ses élèves, c'est le répétiteur qui vit avec eux le plus de temps, et dans ces moments (promenades et récréations) où, les distances étant moins sévèrement gardées qu'en classe, le maître a chance de pénétrer plus sûrement au moyen de la conversation dans la conscience de l'élève, par un conseil, par un encouragement. On ne peut nier que c'est du répétiteur presque exclusivement que relève la tenue, la conversation des élèves; que c'est lui, en étude, le mieux placé pour leur donner l'habitude de l'ordre, de la réflexion, de la propreté. Et par conséquent, j'ai raison de réclamer qu'entre le professeur et lui il y ait un échange perpétuel de vues sur les efforts de leurs élèves communs, sur leurs défaillances, sur leurs tendances bonnes ou mauvaises.

Pour rendre cette association plus facile et

plus étroite, j'aurais voulu d'abord qu'ils fussent bien ajustés l'un à l'autre, un maître scientifique ne devant jamais être lié à un professeur de lettres ; qu'on se guidât même, pour les associer, d'après leurs sympathies personnelles, d'après leurs affinités ; qu'ils fussent liés par une sorte de *cooptatio*, le maître suivant les mêmes élèves pendant une série de trois années, comme le professeur.

Il fallait aussi en arriver à ce qu'on va tenter, que le maître fût associé au professeur même dans l'enseignement. C'est l'unique moyen de le relever aux yeux des élèves. Par exemple, ils peuvent, au début de l'année, régler de concert l'emploi du temps, le choix des matières et celui des textes. Dans le courant de l'année, le professeur laissera au maître le soin de la récitation et de la dictée des devoirs, la charge des leçons particulières, ou mieux de conférences destinées à mettre au point les élèves entrés faibles dans la classe ; la mission de continuer et de pousser

aussi loin que possible les explications orales
de textes, toujours trop brèves en classe, quitte
à rendre ce travail au répétiteur sous forme
d'heures de surveillance.

Cette association, que j'aurais voulue plus
volontaire que réglementée, serait poursuivie
jusque dans l'éducation morale proprement
dite. Le professeur irait de temps en temps
dans la cour pendant la récréation se mêler
avec le maître aux jeux et aux conversations
des élèves. Ils dirigeraient ensemble les promenades hygiéniques, et surtout les promenades
instructives dans les musées, les usines, les
ateliers. Ensemble ils conduiraient les visites
aux pauvres du quartier et dans les établissements charitables. Au bout de quelques
mois de cette vie en commun, les élèves ne
feraient plus entre le professeur et le maître
d'études la différence qu'ils font aujourd'hui,
et c'est le maître qui y aurait gagné.

Je reprends ce que je disais plus haut : à
ce moyen d'améliorer ce qui existe en lais-

sant naître, en favorisant même entre professeurs et répétiteurs une association volontaire et cordiale, comme un compagnonnage, on a préféré la création de fonctionnaires nouveaux, appelés professeurs adjoints ou directeurs d'études. Les internes et les demi-pensionnaires de chaque lycée étant divisés par sections, suivant l'âge et l'ordre d'études, les professeurs débutants ou des professeurs choisis pour leur vocation d'éducateurs et dont le nombre variera suivant celui des élèves seront préposés à la vie scolaire tout entière de ces sections. En dehors de leur classe, ceux-là auront à s'occuper en étude, en récréation, et sans doute aussi au réfectoire et au dortoir, de la section qui leur sera confiée. Pour leur faciliter la tâche, on leur offrira la faculté d'habiter avec leur famille dans le lycée.

Il ne faut pas se dissimuler les inconvénients de ce système. Il n'aboutira en bien des cas qu'à la création d'une fonction de plus, occupée peut-être plus souvent pour des raisons de convenance personnelle que d'adaptation véritable et de réelle vocation. Il maltraite, au profit des élèves de la classe du directeur d'études, ceux qui n'en seront pas, parce qu'ils intéresseront moins leur éducateur. Il dégage les autres professeurs vis-à-vis d'eux-mêmes d'une partie essentielle de leur charge. En frustrant le répétiteur de la partie de la sienne la plus relevée, il consacre son abaissement au rang de gardien. Il introduit enfin la réglementation froide et ponctuelle dans une mission qui vaut surtout par le goût inné, par la générosité et le don de soi. Mais enfin ce système, malgré ses imperfections, est si supérieur à ce qui était, qu'il convient de s'en féliciter comme d'un progrès.

AUTORITÉ ET LIBERTÉ

Je dois avouer que l'accueil fait à mon exposé par les professeurs présents au congrès n'a pas été très encourageant. Mais je ne laisserai pas passer l'occasion de répondre une fois encore à l'objection de principe qu'on m'a faite, et qui équivaut à ce qu'on appelle au Parlement la « question préalable (1) ».

(1) *L'Éducation morale dans l'Université*, p. 141 et s. Hormis M. Kortz, qui n'a fait de réserves que sur des points de détail, tous les autres membres présents l'ont vivement repoussé. M. Weill, professeur au lycée Carnot : « Ce système étoufferait l'initiative et détruirait la personnalité de l'enfant. Il serait détestable. » M. Malet, professeur au lycée Voltaire : « Ce n'est pas là l'éducation que l'Université d'aujourd'hui veut donner et qu'elle donne. Il faut repousser complètement ce système. » M. Boudhors, professeur au lycée Henri IV : « Il ne doit pas y avoir d'esprit dogmatique dans l'éducation du lycée. » M. Malapert dit que, si c'est là

On reproche à ce système de n'être pas li-
béral, d'être compressif de l'initiative et de
la personnalité. Si cela était, je serais le premier à l'abandonner, personne ne faisant
plus de cas que moi de ces qualités d'initiative et de volonté si nécessaires dans le temps
présent où la lutte est partout, la concurrence
partout, où le succès appartient au plus actif
et au plus tenace. Seulement je crois, à la différence de mes contradicteurs, que le développement de cet esprit d'initiative et de responsabilité exige au préalable, chez l'enfant,
mon intervention. Un éducateur est indispensable pour mettre l'élève en mesure de se
passer d'éducateur.

Ceux qui font ce reproche raisonnent ou
semblent raisonner de l'élève, enfant ou
jeune homme, comme de l'homme fait.
Ils professent que l'éducation doit être un
affranchissement intégral, une « libération »,

l'idéal de l'éducation, « il est tout à fait honorable pour
l'Université de ne pas pouvoir y atteindre. »

comme ils disent. Ils voient des lisières dans tout principe, dans tout dogmatisme un asservissement. Au moral, ils substituent à la discipline l'appel aux bons sentiments. Dans l'ordre intellectuel, ils visent à former uniquement l'esprit critique, ils mesurent le résultat d'une éducation à l'aptitude au doute qu'elle a créée. Un cerveau qui « ne s'en laisse point conter », un cerveau tout hérissé de points d'interrogation, voilà la merveille.

Je ne suis pas de cet avis. N'ayant avec la métaphysique que des relations très lointaines, je prends les faits tels qu'ils sont et les élèves tels que je les observe. Leur esprit est prompt, sans consistance, et leur chair est faible. Ni au point de vue moral, ni au point de vue intellectuel, je ne me fierais à eux pour se diriger. Cette tâche est la nôtre. Ce libre gouvernement de soi, qui est le but de l'éducation, s'apprend comme tout le reste, et c'est à nous de l'enseigner. Ce n'est pas pour rien que nous avons plus d'âge, plus de connaissance, plus d'expérience que ces jeunes poulains.

Je sais d'avance les tirades qui guettent de semblables déclarations. Le cléricalisme et le caporalisme, le collège monastique et la caserne napoléonienne n'ont pas épuisé leurs effets. N'empêche que mon opinion est que, dans l'ordre moral comme dans l'ordre intellectuel, sous peine de ne pas m'élever au-dessus d'un rédacteur de code pénal, je dois aux élèves des principes. Compter tant que cela sur leur raison et sur leur conscience, c'est illusion et chimère. Qu'il se rencontre çà et là quelques enfants si heureusement doués qu'il suffise pour les conduire de faire appel à leur jugement ou à leurs sentiments, je ne le nierai point. Mais nous ne parlons pas pour l'exception (1).

(1) A M. Ribot, qui lui demandait si on ne pourrait pas obtenir de bons résultats en s'adressant à la raison des élèves, M. Pequignat, répétiteur divisionnaire au lycée Henri IV, a répondu : « Je suis persuadé du contraire. Il faut vivre avec nos élèves pour se douter de cette difficulté ;

Qu'est-ce, en effet, que cette volonté dont on nous dit qu'il faut laisser maître l'enfant pour qu'il apprenne à se conduire? Si par ce mot on entend l'inclination du côté où tendent le plaisir et les passions, c'est-à-dire toutes les forces par lesquelles, d'elle-même, « la nature entraîne les âmes vers le bas » (H. Marion), on ne présume pas trop de l'enfant en espérant qu'il saura s'en servir sans leçon ni encouragement préalable. A défaut du lycée, il en trouverait dans le relâchement général qu'on observe à l'heure actuelle dans la vie publique, au foyer familial et dans la rue. Mais il y a longtemps que les mora-

nous ne pouvons pas attendre un résultat en nous adressant à la raison de nos élèves. » *Enquête*, t. I, p. 419.

De même M. Potot, surveillant général à Sainte-Barbe : « Pour ma part, je ne crois pas que l'enfant soit naturellement bon. Il est méchant, et, avant de s'en faire aimer, il faut s'en faire craindre. La peur sera pour lui le commencement de la sagesse, et, quand il est sage, on s'en fait facilement aimer. » *Enquête*, t. II, p. 393.

Voilà de modestes surveillants qui me semblent mieux connaître la pâte qu'ils manient que beaucoup de très éminents professeurs.

listes païens eux-mêmes, avant le christianisme, ont appelé cette volonté de son vrai
nom, *impotentia*, faiblesse de la volonté. La
vraie, celle dont on a besoin dans la vie,
n'est pas précisément celle-là. Elle ne s'exerce
guère qu'à contre sens du plaisir et des passions. Elle implique un effort sur soi-même,
et pour devenir capable de vouloir de cette
façon, il faut y avoir été dressé dès le jeune
âge. Il faut qu'on ait affaibli de bonne heure
chez l'enfant les inclinations désordonnées
en contrariant ses caprices, en brisant ses
résistances, et qu'au contraire on ait affermi
les bonnes en le contraignant, s'il le faut, à
les préférer aux suggestions de l'instinct. Il
faut rompre la volonté, non certes pour la
détruire, mais, comme on dit : rompre le
corps à la fatigue, pour l'assouplir et le fortifier. C'est dans cette vue que l'éducation est
une œuvre d'autorité. Le sentiment, loin
qu'il puisse suppléer l'autorité, ne doit venir
qu'après, pour la compléter, pour lui enlever

toute fâcheuse ressemblance avec l'autoritarisme, et pour lui imprimer un caractère moral.

De même pour l'intelligence. Croire que la fin de l'éducation est le développement de l'esprit critique, quelle énormité (1) ! Il n'y

(1) M. Marcel Bernès : « Le maître n'a pas à présenter une doctrine indiscutable, mais plutôt à fournir une base solide à la réflexion du jeune homme. » p. 46. « L'effort des maîtres doit être avant tout — sur les idées, quelles qu'elles soient, qu'ils enseignent — d'éveiller la réflexion, le jugement, la volonté propre de l'enfant, non de lui proposer des formules toutes faites, et des solutions *a priori* pour toutes les difficultés. » p. 51.

M. Belot : « Nous voulons amener les intelligences à faire leur choix librement, entre les doctrines qui s'offrent à elles, avec les qualités scientifiques qui font que la réalité est préférée naturellement à ce qui est illusion. » p. 48.

M. Malapert : « Pour ma part, je mets mes élèves au courant de mes scrupules métaphysiques; je ne suis pas un dogmatique... La méthode de libération est la seule bonne dans l'enseignement philosophique... L'essentiel est d'éveiller chez l'élève, par quelque procédé que ce soit, la méditation critique. » p. 208, 210.

M. Alfred Croiset, président, a résumé ainsi la discussion : « Ce qui importe surtout, c'est que le professeur *ne paraisse pas plus convaincu qu'il ne l'est réellement.* Le proa qu'à voir la peine que nous avions dans nos discussions publiques de l'École de morale à nous reconnaître au milieu du choc des opinions contraires, pour juger de celle que

cédé indiqué par MM. Belot et Malapert me donne pleine satisfaction : il montre à la fois la difficulté et l'intérêt des questions... » p. 210.

Le relativisme, père du dilettantisme, qui est au fond de ces opinions, s'affirme avec plus de netteté encore dans ce passage de M. Lanson : « Ils (les élèves) a .ront compris aussi que les solutions humaines sont toujours provisoires, que chaque siècle, selon ses lumières et ses besoins, modifie les solutions anciennes, les adapte ou les remplace. » *Ouv. cité*, p. 119.

En clair, tout cela veut dire qu'il faut mettre à l'école du scepticisme l'âge de la foi, des ardeurs généreuses et des nobles enthousiasmes. M. Ferdinand Buisson, député et professeur, dans une lettre récente au *Temps*, a dit le mot : les professeurs doivent être des « *enseigneurs de doute* ». Quel assemblage de termes contradictoires, s'il est vrai, comme je le crois, qu'enseigner signifie fournir des raisons d'agir! Enseigneurs de doute? Mais alors que devient la morale, *laquelle suppose la foi :* « foi à la nature humaine, foi en la conscience..., foi en la valeur absolue de la loi morale, foi au bien et au vrai, foi au devoir même sans punitions ni récompenses, même sans autre sanction que celle de notre conscience. » Qui a dit cela? M. Ferdinand Buisson lui-même, *Revue pédagogique*, février 1898, p. 130.

peuvent éprouver des jouvenceaux dont la moyenne des plus âgés a dix-sept printemps! Cette promenade, surtout pendant les dix mois de philosophie, à travers toutes les opinions et tous les systèmes, sans que les élèves sentent chez leur maître une affirmation ferme et convaincue, loin de les incliner à choisir, les laisse hésitants et troublés, se demandant avec une sorte d'étonnement mêlé de stupeur ce qui est vrai et ce qui ne l'est pas, ce qu'ils doivent croire et ce qu'ils doivent rejeter. La seule méthode qui convienne à leur âge, c'est, sans exagération, et seulement sur les points essentiels de la discipline intellectuelle, un tranquille et sérieux dogmatisme.

La science n'est possible qu'ayant à sa base un acte de foi dans l'absolu. Elle n'a pu être entreprise que parce qu'on a cru à la réalité objective de l'univers et à l'harmonie de cet univers avec notre pensée; elle n'est continuée que parce que les savants continuent à lui consentir cette croyance. De même pour l'art, qui repose sur l'intuition du beau ; pour la morale, qui n'existe pas en dehors de la croyance à la réalité du bien ; pour l'institution sociale, avec ce qui la caractérise essentiellement, la famille et la patrie, qui ne tient pas contre la négation de la subordination de l'individu à l'intérêt commun (1). Tout cela constitue un minimum de vérités primordiales et nécessaires, dont l'homme fait pourra douter, s'il veut, mais sur lesquelles il est monstrueux, en l'état actuel de nos connaissances, qu'un éducateur ait la faculté de suggérer, encore moins d'imposer, à de pauvres enfants sans défense le moindre scepticisme.

Je reviens, avant de terminer, à ce collège de Normandie, que je ne me lasse pas de

(1) L'évidence de ces propositions rend sceptique à ce conseil de M. Malapert : « Nous devons former des convictions, à condition de ne pas fabriquer des croyances. » p. 55.

citer en exemple. Il ne faudrait pas, parce que
M. Lavisse a vanté la liberté dont y jouiraient
les élèves, en conclure étourdiment que je
suis cette fois en opposition avec l'esprit de
cette maison. Prévenons, sur ce mot de liberté, toute confusion.

Par liberté, M. Lavisse a voulu dire que
l'élève du collège de Normandie aurait
plus que celui de nos lycées la faculté
d'aller et de venir dans l'établissement et au
dehors, de régler à son gré l'emploi de son
temps, de vivre en tête à tête avec lui-
même (1). Il n'a à aucun moment fait entendre que cet élève aurait aussi sur toutes les
choses essentielles de la vie la liberté du
doute. Et la preuve, c'est la préoccupation

(1) Cf. *Comment élever nos fils*, p. 54. Je sais bien
qu'on pourrait m'opposer d'autres extraits des ouvrages de
M. Lavisse, des lettres au *Temps* et la récente conférence
Souvenirs d'une éducation manquée, où il a semblé prendre
le mot liberté dans un sens plus radical que celui où on
l'entend dans ce collège de Normandie, respectueux de la
tradition morale et religieuse.

religieuse des organisateurs, c'est la méditation en commun du soir. Tout cela implique
justement ce minimum de dogmatisme moral
et intellectuel que je demandais tout à
l'heure, et en dehors duquel je n'ai rien demandé.

Je n'ai même pas demandé tant. Qui ne
voit en effet que le système en vigueur au
collège de Normandie sera un protection-
nisme de l'intelligence et de la moralité de
l'élève beaucoup plus étroit que ne le serait celui que j'imaginais plus haut pour nos lycées?
Je me contentais de souhaiter à l'esprit général de nos maisons plus d'homogénéité, et
aussi à la doctrine morale des maîtres. Ici,
c'est un seul maître, toujours le même, qui
présidera à l'éducation du jeune homme. Il
sera pour lui à la fois le proviseur, le professeur, le répétiteur et l'économe. Plus encore,
ce maître aura dans sa tâche la complicité de
la serre chaude de son foyer et de la ten-
dresse maternelle de son épouse! Je crois

que voilà le triomphe de l'unité (1). Qu'en pensent nos libertaires?

(1) *Comment élever nos fils*, p. 60 : « La distinction que l'on a faite jusqu'à ce jour entre le professeur — ou celui qui enseigne, — le répétiteur — ou celui qui surveille, — le proviseur, directeur, supérieur, peu importe le titre — ou celui qui administre, est au premier chef destructive de l'esprit d'éducation. Le rôle de l'éducateur doit être un, parce que l'enfant est un, lui aussi, et que se partager ainsi son cerveau, c'est détruire son unité. Il faut donc que, dans une maison d'éducation, celui qui occupe le premier rang soit à la fois directeur hygiénique, moral et intellectuel. »

III

DE LA NÉCESSITÉ D'UN ENSEIGNEMENT HISTORIQUE RÉALISTE

Après ces réflexions sur le meilleur parti à tirer, pour l'éducation morale de la jeunesse, de l'enseignement philosophique, je voudrais présenter quelques impressions d'un profane sur l'enseignement de l'histoire nationale, considéré au point de vue de la formation dans le jeune homme du patriote, du Français.

D'une manière générale, l'enseignement de l'histoire, tel qu'il est donné actuellement, ne paraît pas tout à fait adéquat au rôle essentiel qui lui est attribué justement dans cette partie de l'éducation. Il est tronqué, il est abstrait, il se place trop au point de vue d'une vérité problématique et d'une humanité indifférente. Bien entendu, il conclut dans tous les cas à l'amour de la patrie. Mais il faudrait, selon moi, qu'il servît aussi à imprimer dans l'esprit des élèves une notion de cette patrie plus continue, plus réelle, plus nationale et plus particulariste. Auguste Comte a écrit avec raison que toute consistance était interdite aux sentiments « qui ne sont point assistés par des convictions ».

LA CONTINUITÉ FRANÇAISE

Tous les gens d'expérience m'accorderont que les grands élèves ne portent sérieusement leur attention qu'aux matières de la classe qui figurent sur le programme de leur examen ou de leur concours. Tout ce qu'on leur enseigne à côté, tout ce qu'on leur a enseigné auparavant, leur laisse peu d'impression. Insensiblement cela s'estompe dans leur mémoire, cela s'atténue, pour ne plus être, quand ils sont devenus des hommes, qu'une vague et lointaine réminiscence. Or, s'il est vrai que le futur bachelier a appris dans ses classes l'histoire de France depuis les origines, il n'e l'est pas moins qu'hier encore, en vertu des règlements de 1880, il n'avait à répondre à l'examen qu'à partir de 1610, et que dorénavant les nouveaux règlements ont abaissé cette date jusqu'en 1715. Et du coup, sur onze ou douze siècles de notre histoire, en voilà au moins huit sacrifiés (1). Et quels siècles! Ceux-là précisément où la France est née, a grandi, s'est développée, s'est *faite;*

(1) M. Lavisse, parlant de ces candidats au baccalauréat « indifférents à tout ce qui n'est pas du programme, ignorants jusqu'au scandale, capables même de ne pas dire l'ordre où se sont succédé nos dynasties nationales », a fait cette constatation : « Que se passe-t-il donc, après quelques années écoulées, dans ces têtes mal instruites? Les

les plus pleins d'enseignements pour notre patriotisme, puisqu'on y apprend quelles conditions physiques, politiques, morales et sociales ont été les conditions permanentes de la croissance française; les siècles qui établissent notre antiquité et notre solidarité historiques; les siècles qui ont rendu possibles ceux qui ont suivi, et sans lesquels l'intelli-

souvenirs deviennent plus vagues; les rares traits connus des figures historiques s'effacent; les compartiments du cadre chronologique cèdent : Clovis, Charlemagne, saint Louis, Henri IV, tombent de leur place, comme des portraits suspendus par un clou fragile à un mur de plâtre; ils errent dans ces mémoires confuses où le brouillard s'épaissit en ténèbres, et ces écoliers sont des Français en vertu du hasard qui les a fait naître en France, mais ils vivront comme des étrangers parmi les monuments de leurs ancêtres. » *Questions d'enseignement national*, 1885, p. 28, 29.

M. Gabriel Monod, appréciant les nouveaux programmes d'histoire, et notamment celui de la classe de première, qui commence désormais à 1715, leur trouve beaucoup d'inconvénients, entre autres « celui de réduire encore la partie de l'histoire exigée au baccalauréat. On pourra demander aux bacheliers de raconter toutes les escarmouches des guerres d'Algérie, mais il leur sera permis d'ignorer qui sont Henri IV et Louis XIV ». *Revue historique*, mai-juin 1901, p. 99.

gence de ceux-ci demeure en quelque sorte fermée.

Le futur saint-cyrien est rationné avec la même parcimonie. Il pourra être interrogé sur le costume de cour au temps de Napoléon I⁴, mais il ne le sera pas sur le règne de Charles VII et sur la formation des armées permanentes, sur Louvois et l'organisation des armées modernes. Quant au futur officier de marine, il est dispensé de savoir l'histoire de France avant 89! c'est-à-dire qu'il pourra ignorer la guerre d'Amérique, et Suffren, que les Anglais estiment à l'égal de Nelson. En revanche il devra avoir son opinion faite sur la grande Révolution et sur celles, assez nombreuses, qui l'ont suivie, c'est-à-dire sur les parties de notre histoire intérieure les plus discutées, et sur lesquelles bien présomptueux serait celui qui se flatterait de connaître exactement le dernier mot de la postérité.

De sorte que, par la faute des programmes, l'élite de la jeunesse française (les futures classes dirigeantes) se fait et de plus en plus se fera une singulière idée de l'histoire de son pays. Elle ne lui représente guère qu'incessantes divisions politiques, religieuses et sociales, conflits perpétuels d'opinions et de croyances, tapages et massacres menés par des idées. Mais les origines de la nation, sa formation territoriale et politique, les grands faits sociaux comme les communes, les règnes de Louis IX, de Charles V, de Louis XI, les grandes institutions contemporaines de nos origines, comme l'Église, par exemple, ouvrières de notre grandeur et mêlées à notre sang, bref le passé de la race et l'âme des ancêtres, de tout cela il n'a, sans remords, qu'un souvenir tronqué et brumeux. On nous fait dater de la Révolution, tout au plus de la Réforme. Nous sommes coupés de notre passé, nous sommes « déracinés ».

Ne m'objectez pas la surcharge du programme. Du temps où j'étais élève, avant 1880, il contenait tout cela, sans que nous fussions plus que nos cadets ignorants des temps modernes. Et puis je n'empêche pas qu'on allège le programme, c'est affaire de sélection, qui dépend de nous. La sélection a été faite, mais à rebours de celle qui eût été la plus naturelle (1). Et il y a des raisons, qui sont plus difficiles à rapporter qu'à percevoir.

Relisons dans les *Questions historiques* du grand historien universitaire Fustel de Coulanges l'étude comparée « de la manière d'écrire l'histoire en Allemagne et en France

(1) Parlant des anciens programmes, M. Seignobos, professeur à la Sorbonne, a dit devant la commission d'enquête : « On les a rédigés de façon que ce qui remplit l'histoire, c'est la Monarchie française. » Avant 1789, il est bien difficile que cela soit autrement. M. Seignobos continuant : « Cela tient à la façon dont la coupure des programmes est faite... Si vous voulez que l'enseignement de l'histoire constitue une véritable préparation à l'intelligence de la vie contemporaine, il faut changer les coupures... » T. I, p. 234. Pour moi, je voudrais qu'on ne fît subir à la France aucune mutilation tendancieuse. Une réduction exacte de l'image, un raccourci fidèle, à cause des limites inévitables de la mémoire, cela est nécessaire, mais cela seul est la vérité, à la fois objective et subjective.

depuis cinquante ans ». Il y opposait (c'était
en 1872) la différence des sentiments des
historiens allemands et des historiens français vis-à-vis du passé de leur pays : « Les
Allemands, écrivait-il, ont tous le culte de la
patrie, et ils entendent le mot patrie dans son
sens vrai : c'est le *Vaterland*, la *terra patrum*,
la terre des ancêtres ; c'est le pays tel que les
ancêtres l'ont eu et l'ont fait. Ils aiment ce
passé, surtout ils le respectent. Ils n'en parlent que comme on parle d'une chose sainte.
A l'opposé de nous, qui regardons volontiers
notre passé d'un œil haineux, ils chérissent et
vénèrent tout ce qui fut allemand. Le livre
de Tacite est pour eux comme un livre sacré
qu'on commente et qu'on ne discute pas. Ils
admirent jusqu'à la barbarie de leurs ancêtres. Ils s'attendrissent devant les légendes
sauvages et grossières des Nibelungen. Toute
cette antiquité est pour eux un objet de foi
naïve. Leur critique historique, si hardie
pour tout ce qui n'est pas l'Allemagne, est

timide et tremblante pour ce sujet seul (1). »

Ce n'était pas de cet œil que la France, depuis cinquante ans, envisageait son passé. Quelle nation, en Europe, eût été capable de montrer une histoire plus ancienne ou plus glorieuse? la France semblait être la première à l'ignorer; tout au moins l'idée ne nous venait pas d'en tirer parti pour nous faire valoir, ou pour retremper à ces sources légitimes le sens national qui s'émoussait au milieu de nos divisions. Fustel de Coulanges en éprouvait une tristesse profonde, qui s'est tournée plus d'une fois en amère ironie contre les fauteurs de cette aberration.

Sur les pas de l'*École libérale*, engouée depuis 1815 de l'Angleterre et de l'Allemagne, notre histoire n'était plus qu'une apologie de la race germanique aux dépens de la nation française. Aux temps des Mérovingiens, nous

____

(1) p. 8.

étions pour les Barbares contre les Gallo-Romains ; à l'époque carolingienne, pour les Saxons contre Charlemagne ; au moyen âge, pour l'Empire contre le sacerdoce ; au xvi° siècle, pour la Réforme contre la Renaissance ; au xvii°, pour l'électeur de Brandebourg contre Louis XIV ; au xviii°, pour Frédéric II contre Louis XV. Suivant l'énergique formule de Fustel, « l'histoire française combattait pour l'Allemagne contre la France (1). »

Y a-t-il quelque chose de changé dans tout cela depuis 1872, et Fustel de Coulanges serait-il autorisé à écrire aujourd'hui les mêmes observations qu'il y a trente ans ?

En ce qui concerne l'Allemagne, personne ne peut douter que l'histoire, aujourd'hui comme autrefois, a servi à inculquer aux générations nouvelles l'amour, l'orgueil métho-

(1) p. 7.

dique de tout ce qui tient à leur race et à leur pays. C'est pourquoi, au lieu de laisser les citoyens devenir insensiblement étrangers au passé de leur patrie, c'est à la résurrection de ce passé, par l'histoire, par la poésie, par l'architecture, c'est à sa glorification perpétuelle que les pouvoirs publics demandent d'exalter le sentiment national, en faisant revivre aux yeux de l'Allemagne actuelle les grandeurs de l'Allemagne d'autrefois, en rendant visible et palpable une histoire glorieuse. Il n'y a pas très longtemps encore, Guillaume II s'y employait lui-même à Marienbourg, à Nuremberg, à Aix-la-Chapelle.

En France non plus, malheureusement, rien n'a changé. Après nos défaites, nous nous sommes engoués plus que jamais de nos vainqueurs; nous les avons imités en tout, et même dans l'art de rédiger les grammaires, mais nous sommes passés indifférents à côté de cet orgueil national qui avait été le principe de leur relèvement. Puis vient le tour de la supériorité anglo-saxonne, dont la principale raison, toujours la même, le traditionnalisme, nous échappe. La vieille Angleterre est un titre de fierté pour les Anglais : vieille France est chez nous presque une injure.

Le patriotisme de nos historiens étant hors de cause, il faut chercher ailleurs les raisons de cette erreur obstinée.

De même que, depuis plus d'un siècle, il s'était dégagé de l'histoire universelle un sens, une signification morale, savoir l'ascension de l'humanité vers un type supérieur de civilisation, ce qu'on a appelé le Progrès, de même il a paru non moins certain à nos historiens du dix-neuvième siècle que de toutes les nations c'était la France qui avait le plus contribué à ce grand œuvre en le réalisant chez elle la première, et surtout par la Révolution. C'est Michelet, de formation philosophique, qui a donné de cette interpréta-

tion de l'histoire de France l'expression la
plus éclatante (1). Elle peut, à notre heure,

(1) Cf. M. Gabriel Monod : « Mais le patriotisme de Michelet n'avait rien de commun avec le chauvinisme étroit de
ceux qui ne savent aimer leur pays qu'en haïssant l'étranger.

« ... Si de toutes les nations la France lui paraissait le
plus digne d'amour, c'est qu'elle est « le représentant des
libertés du monde et le pays sympathique entre tous,
l'apôtre de la fraternité » ; c'est qu'elle a eu plus qu'aucun
autre le « génie du sacrifice ». La plus haute manifestation
du génie de la France est à ses yeux la Révolution, qui
restera dans l'avenir son « nom inexpiable, son nom éternel », et la Révolution symbolise pour lui les idées de
justice et de concorde universelle. » *Les Maîtres de l'Histoire*, p. 230. (Calmann Lévy, 3ᵉ édit., 1896.)

M. Gabriel Monod exerçant dans l'école historique
contemporaine un rôle prépondérant, on lira avec fruit
toute son étude sur Michelet pour se rendre compte de
l'influence prise sur lui par son ancien maître. Voir notamment, p. 178-179 et l'Appendice I, *Michelet éducateur*.
Lire également *les Leçons de l'Histoire*, la plus récente
manifestation des idées de M. Gabriel Monod (Ollendorf,
1902) : « Chaque peuple a son rôle dans le concert de la
civilisation. La France est particulièrement faite pour le
rôle de médiatrice et de conciliatrice entre les peuples...
La France a fait des révolutions dont le monde entier a
profité... », etc., de la page 23 à la fin.

Sur la Révolution française, en réponse à M. Faguet, qui
avait soutenu qu'elle avait voulu substituer dans le gouvernement et dans la société le droit à la force, M. Gabriel
Monod a écrit encore : « Si, dans ses actes, elle a souvent

sembler définitive (1). L'histoire de France est devenue, moins l'histoire d'une nation

agi en contradiction avec ses principes, l'idéal qu'elle a légué à la postérité n'en reste pas moins très noble et très juste. » *Revue hist.*, novembre-décembre 1901, p. 367. On opposera, il est vrai, à ces mots « très juste » la citation du même rapportée plus loin, p. 143, note 1.

(1) A peu près tous les historiens du xixe siècle ont été pour ou contre la Révolution, mais les plus nombreux et les plus éminents ont été pour, étant presque tous de cette bourgeoisie qui lui devait tant. Il serait long et fastidieux de rapporter ici des citations de tous les livres et manuels d'histoire en usage dans nos collèges qui servent à vulgariser cette interprétation. Je me borne à engager ceux qui voudraient se rendre compte de la place énorme, démesurée, presque exclusive, que la Révolution a prise dans le plan général de l'histoire de France, surtout dans notre enseignement secondaire, à lire dans le *Rapport général du cinquième congrès des professeurs*, publié par les soins de notre collègue M. Ch. H. Boudhors (A. Colin, 1902), le compte rendu des séances consacrées à l'éducation civique. A ceux qui savent lire, cette cinquantaine de pages en diront plus que de gros livres. J'y renverrai moi-même fréquemment.

Pour commencer, à cette question : « Dans quel sens doit-on enseigner le jeune Français à agir ? » il semble qu'il n'y ait qu'une réponse à faire : dans le sens de la tradition et de l'intérêt de la France éternelle. M. Albert Milhaud, professeur au lycée de Saint-Quentin, a répondu : « Dans celui de la tradition de la France moderne affirmant en 1789 sa formule : Liberté, Égalité, acceptant comme base de son droit public les principes de la Déclaration des droits,

déterminée qui date de telle époque et dont la durée a été traversée de telles ou telles vicissitudes, que l'histoire de la longue suite d'efforts accomplis par les masses populaires pour arriver à plus de justice, le laborieux enfantement de la Révolution, à laquelle les siècles suivants sont chargés de donner raison. Dans cette philosophie nouvelle de l'histoire de France, 89 joue le personnage de Jésus-Christ dans la philosophie de Bossuet : tout ce qui a paru avant n'en a été que l'annonce et la préparation.

On devine le résultat. Tout ce qui dans

complétant son idéal en 1848 par son appel à la Fraternité, et prête à affirmer son sens de la solidarité à l'aube du vingtième siècle. » p. 63.

Si j'ai bien compris la pensée de M. Gabriel Monod lui-même le jour où il souhaitait que la Révolution française apparût « non plus comme le début imprévu d'une époque nouvelle, mais comme la crise centrale d'une évolution » (*Rev. hist.*, mai-juin, 1901, p. 99), il me semble que c'est bien sous cet aspect que nous devrions enseigner la Révolution, comme une crise intérieure, une transition, entre ce qui a été (sans préjudice de ce qui a été) et ce qui va être, et non comme une création, une hégire, un tout.

notre histoire semblait ne pas porter cette marque préparatoire, à plus forte raison contrarier le grand avènement, était condamné à perdre de l'importance et à passer au second plan. C'est ainsi que peu à peu notre longue lignée de rois, qui ont été les véritables ouvriers de la France, et la noblesse, et le clergé, malgré leurs services indiscutables, et tout le moyen âge, malgré le treizième siècle lui-même, pâlirent à l'horizon. Nous n'avons commencé à nous sentir chez nous qu'à partir de la Réforme, et avec les encyclopédistes. On ne laissait émerger des siècles précédents que des revendications populaires comme les communes, ou des frondeurs tels que Rabelais. La décision ministérielle qui faisait remonter à 1610 seulement la période d'histoire de France qu'il était utile à un Français de bien savoir n'avait été que la consécration officielle de l'état d'esprit général, et celle qui abaisse maintenant cette date à 1715 le consacre encore avec plus de logique et de force.

Les mécontents qui refusent de se reconnaître avant 1789 sont les enfants terribles du parti.

Un vœu devait suivre : qu'il fallait que l'enseignement de l'histoire aboutît à mettre le jeune homme en état de continuer cet idéal; qu'il devait donc le préparer pour la société et pour le temps où il doit vivre, en l'initiant aux grands problèmes sociaux de notre époque, en lui apprenant ce qui lui sera « indispensable, demain pour comprendre un journal, après-demain pour émettre un vote (1) ». Et la conclusion suivait aussi : c'est l'histoire de l'ancienne France qui paiera les frais. Qu'importent à l'électeur contemporain Mérovingiens, Carolingiens, Capétiens même? Vieilleries que tout cela : « Actuellement l'enseignement historique, pendant toute la classe de troisième et une partie de la classe

(1) Article de M. Salomon Reinach sur l'enseignement de l'histoire moderne dans les écoles (*République française*, 20 juillet 1893).

de seconde, est consacré au moyen âge. C'est beaucoup trop, et pour un résultat très mince (1). » D'un autre : « Le vingtième siècle est comme assiégé et enveloppé de grands problèmes moraux et sociaux à résoudre ; il a mieux à faire que de se demander, par exemple, ce qui s'est passé sous Philippe Auguste... (2). » Et cette formule catégorique : « L'évolution des sociétés civilisées s'est accélérée à tel point depuis cent ans que, pour l'intelligence de leur forme actuelle, l'histoire de ces cent ans importe plus que celle des dix siècles antérieurs. Comme explication du présent, l'histoire se réduirait presque à l'étude de la période contemporaine (3). » Les nouveaux programmes, plus que ceux

(1) *Enquête parlementaire*, t. II, dép. Lavisse, p. 30. Ce passage s'accorde mal avec celui cité plus haut, p. 80, note 1.

(2) M. Alfred FOUILLÉE, *la Réforme de l'Enseignement par la philosophie*, p. 23 (Colin, 1901). On opposera à ce texte une citation du même plus bas, p. 105, note 1.

(3) MM. LANGLOIS et SEIGNOBOS, *Introduction aux études historiques*, Conclusion, p. 278 (Hachette, 1898).

d'il y a douze ans, ont donné à ces vœux une complète satisfaction.

Eh bien, il faut avoir le courage de le dire, rien n'autorise à prétendre que la cause du progrès (sur la relativité duquel nous reviendrons) ni celle de la Révolution, dont je ne nie aucun bienfait, exigent de nous de tels sacrifices, et qu'il soit indispensable de les payer de la connaissance et de l'amour de notre passé, qui est, lui, une belle et bonne réalité. L'historien de profession se placera au point de vue qui lui plaira, c'est son affaire. Je ne crois pas que ce soit celle du professeur d'adopter celui-ci comme fondement de l'enseignement historique national.

Cet enseignement, au lycée, vaut surtout par le sentiment qu'il donne à la jeunesse de la solidarité nationale (1). Il sert à relier le

(1) La même opinion était exprimée en 1885 par M. Lavisse, quand il louait les professeurs allemands de faire pénétrer dans tous les esprits « le sentiment et l'idée de la solidarité qui unit le présent au passé, les vivants aux ancêtres, afin que chacun d'eux, sentant sa valeur

présent au passé, les vivants aux ancêtres. Il fournit à l'idée nationale sa base historique, en démontrant que la France est une œuvre continue et collective, un tout auquel nous avons collaboré, nous les vivants, dans la personne des ancêtres, et auquel nous collaborerons dans celle de nos descendants; qu'il y a un « bloc » français, dans lequel il ne nous appartient pas de choisir ni de faire des parts, suivant nos opinions politiques ou religieuses, mais qu'il est du devoir de tout citoyen d'accepter intégralement, avec reconnaissance, comme un legs intangible et sacré. Si tel est pour leur pays le sentiment des habitants du val d'Andorre ou de ceux de la république de

accrue et sa responsabilité agrandie, conçoive, au lieu de la vanité qui est un danger, cet orgueil national qui est l'assiette solide du patriotisme ». *Questions d'enseignement national*, p. 41. Lire aussi p. 209 et suiv.

De même, M. Alfred Fouillée écrivait en 1891 : « Les sectaires qui font commencer l'histoire de France à la Révolution française, par exemple, sont ou des ignorants de l'histoire ou des faussaires de l'histoire. » *L'Enseignement au point de vue national*, p. 286 (A. Colin).

Saint-Marin, il faudrait à des Français une singulière délicatesse pour ne pas l'éprouver vis-à-vis de l'ancienne France.

Le jeune homme qui n'aurait pas la connaissance intégrale de son pays n'y perdrait pas seulement le sentiment de la solidarité nationale, il manquerait d'un élément capital de son équilibre intellectuel. Nous l'aurions privé du sens du temps, sans lequel on ne fait rien de durable (1). Nous en aurions fait un candidat à l'utopie, à la chimère, voué à cette métaphysique sociale et politique qui sévit dans les esprits habitués à construire en dehors de la durée et de l'histoire ; une proie désignée au premier songe-creux ou au premier charlatan venu, qui lui persuadera qu'on peut transformer du jour au lendemain l'état d'un pays, comme on change les verres d'une lanterne magique.

Même son patriotisme en sera altéré. L'his-

(1) Même idée exprimée par M. Alfred FOUILLÉE dans *l'Enseignement au point de vue national*, p. 286.

toire de l'ancienne France ainsi pratiquée ne pourra lui enseigner à l'égard du passé de son pays que l'indifférence, sinon le mépris. C'est ce que Fustel a très bien expliqué dans ce passage incisif : « De là nous est venu un patriotisme d'un caractère tout particulier. Être patriote, pour beaucoup d'entre nous, c'est être ennemi de l'ancienne France. Notre patriotisme ne consiste le plus souvent qu'à honnir nos rois, à détester notre aristocratie, à médire de toutes nos institutions. Cette sorte de patriotisme n'est au fond que la haine de tout ce qui est français. Il ne nous inspire que méfiance et indiscipline; au lieu de nous unir contre l'étranger, il nous pousse tout droit à la guerre civile.

« Le véritable patriotisme n'est pas l'amour du sol, c'est l'amour du passé, c'est le respect des générations qui nous ont précédés. Nos historiens ne nous apprennent qu'à les maudire et ne nous recommandent que de ne pas leur ressembler. Ils brisent les traditions françaises, et ils s'imaginent qu'il restera un patriotisme français (1). » Le morceau est sévère, mais il est de l'un des nôtres, il doit moins nous fâcher que nous faire réfléchir.

Résumons notre pensée.

Un jeune Français devrait emporter du collège, fixée au premier plan de sa mémoire, toute l'histoire de son pays, depuis les origines jusqu'à l'époque contemporaine. Une bonne revision en fin d'études et la réinscription aux matières obligatoires de l'examen assureraient très suffisamment ce résultat.

Le choix porterait exclusivement sur les personnages dont les actes ont duré et sur les

(1) p. 6. On rapprochera ce passage concordant de M. Lavisse : « Si l'on fait mine seulement d'essayer la critique des hommes ou des choses de la Révolution ; si même, sans penser à mal, on se plaît à raconter telle période du treizième siècle, où nos ancêtres ont vécu heureux sous un régime conforme à leurs idées et à leurs croyances, on passe clérical et réactionnaire... Il n'y a pas de public pour entendre l'histoire impartiale du passé. » *Questions d'enseignement national*, p. 6. Mais il y a eu, on peut craindre qu'il y ait encore un public pour les jugements historiques contenus dans les *Manuels civiques* de Paul BERT.

faits qui ont eu de longues conséquences : Jules César et Vercingétorix, Clovis et le christianisme, Charles Martel, Charlemagne et la fin des invasions, le traité de Verdun, la féodalité, les Normands, l'avènement des Capétiens et l'organisation des communes, le règne de saint Louis et les croisades, le règne de Philippe le Bel et les états généraux, la guerre de Cent ans et Jeanne d'Arc, Charles VII et les armées permanentes, le règne de Louis XI, François Ier et Charles-Quint, les guerres d'Italie et la Renaissance, la crise de la Réforme, la reconstitution de la France par Henri IV, Richelieu et Mazarin, Louis XIV et la monarchie absolue, les résultats politiques de ses guerres et le mouvement intellectuel sous son règne.

Ici on rejoindrait l'histoire du dix-huitième siècle, qui gagnerait à être déblayée de beaucoup de faits secondaires, soit politiques, soit militaires, utiles seulement aux érudits.

Quant à l'histoire contemporaine, tout au

moins à partir de la seconde partie du dix-
neuvième siècle, il y faut de notre part beaucoup de prudence et de bon sens. Si c'est un
excès, à mon avis, de lui consacrer une année
tout entière, et non seulement de la pousser
jusqu'en 1889, mais de ne faire grâce à nos
adolescents d'aucun de ces problèmes sociaux (1) dont la maturité des maîtres eux-

(1) On ne peut que donner raison à cette observation de
M. Gabriel Monod : « On peut craindre aussi qu'un cours
trop développé d'histoire contemporaine ne devienne aisément un cours de politique. » Voir plus bas les observations
analogues de M. Alfred Fouillée et de M. Maneuvrier. Seulement, en ce qui concerne M. Gabriel Monod, on se demandera comment il a pu faire suivre la réflexion précédente
de ce vœu : « Le cours d'histoire de l'année de philosophie
serait un cours d'histoire de la civilisation, où l'on insiste-
rait surtout sur l'évolution des idées, des institutions et
des formes sociales. On y reviendrait sur les grands faits
de l'histoire de l'antiquité et on pourrait y insister sur les
institutions politiques et sociales du dix-neuvième siècle
qu'on n'aurait pas étudiées d'assez près dans ce cours très
chargé de rhétorique. Le cours d'histoire de l'année de
philosophie aurait ainsi l'avantage d'avoir un caractère de
généralisation philosophique qui le mettrait en harmonie
avec l'enseignement philosophique lui-même. » *Rev. hist.*,
mai-juin 1901, p. 99 et 100. Il semble que voilà bien de
la politique?

mêmes sera souvent embarrassée, c'en eût été un autre de se réfugier dans l'abstention. On ne peut pas admettre que le lycéen entre dans la société croyant la trouver telle qu'il sait qu'elle était en 1815 (1). Il était bon qu'on

(1) M. Darboux, doyen de la faculté des sciences de Paris : « Nous arrivons quelquefois à constater des résultats navrants... il y a de malheureux candidats qui ne savent presque rien de la guerre de 1870, qui ignorent que Metz et Strasbourg n'appartiennent plus à la France. Je ne vous apporterais pas mon témoignage s'il était unique, mais il a été confirmé d'une façon très nette l'autre jour par M. Hauvette et d'autres personnes. » *Enquête parlementaire*, t. I, p. 302.

M. Lippmann, professeur à la Faculté des sciences de Paris : « Le doyen de la Faculté de médecine citait récemment le cas d'un bachelier qui n'avait jamais entendu parler de la guerre de 1870. » *Ibid.*, t. II, p. 34.

M. Lavisse : « J'ai été bien souvent attristé par les réponses que je me suis entendu faire, dans l'examen du baccalauréat, à des questions sur les faits historiques les plus proches de nous et aussi les plus douloureux. » *Ibid.*, t. I, p. 39.

Rapprocher de ces dépositions la lettre publiée par *le Temps* (8 mars 1901) d'un chef d'escadrons qui, tous les ans, fait une petite enquête sur les 50 recrues qu'il reçoit et qui doivent répondre par écrit aux questions très simples qu'on leur pose. Sur ces 50 recrues, 30 n'ont jamais entendu parler de nos désastres de 1870-71, 10 ont des

lui épargnât cette surprise en le conduisant jusqu'à nos jours. Seulement il eût fallu se restreindre à un exposé sommaire des faits incontestés et incontestables, en dehors de toute opinion particulière (1). Plus l'histoire est contemporaine, moins elle est histoire.

Notre réserve en pareille matière n'eût pas été seulement une bonne attitude d'esprit, elle était un gage de paix à l'intérieur de nos établissements. N'est-il pas à craindre en effet que l'enseignement de l'histoire contemporaine éveille parfois de légitimes susceptibilités? Il me semble difficile de ne pas donner raison à ce maître qui a écrit : « Comment ne pas émouvoir le cœur des jeunes gens en ra-

notions très vagues à leur sujet, 10 seulement, les Parisiens surtout, savent ce que fut cette guerre.

Et on s'étonne que le sens national s'émousse en France quand plus de la moitié des Français, bacheliers ou non, n'ont jamais entendu parler de ce qui en est, de ce qui doit en être, à notre époque, le plus énergique et le plus sûr aiguillon, la guerre franco-allemande!

(1) Même idée exprimée par M. Alfred Fouillée dans *l'Enseignement au point de vue national*, p. 290.

contant des événements auxquels leurs amis, leurs parents, leurs pères ont pris part? « Vous avez fatalement devant vous des fils de vainqueurs ou de vaincus. » Il faut bannir des lycées tout ce qui peut, en blessant les cœurs, y faire lever le triste levain de la haine; «que la camaraderie nous donne pour quelques années, quelque part, l'illusion de la fraternité, et nous fasse une France indivisée (1). »

IDÉE ET RÉALITÉ

A considérer maintenant la France qu'on enseigne, celle des deux ou trois derniers siè-

(1) M. Maneuvrier, *l'Éducation de la bourgeoisie*, p. 142 (Cerf, 1888). Passage cité avec approbation par M. Alfred Fouillée dans *l'Enseignement au point de vue national*, p. 290.

cles, la notion qu'on en donne n'est pas assez positive, assez réelle, pour qu'elle éveille chez les élèves un amour profond. Voici une définition excellente de la patrie, à laquelle tout le monde souscrira : « La patrie n'est pas une personne vague, elle a un corps et elle a une âme. Elle est un fragment délimité du sol terrestre : voilà le corps; elle est une fraction déterminée de l'humanité : voilà l'âme. » (E. Lavisse.) On ne peut mieux dire. Je crains seulement qu'à l'heure actuelle les historiens universitaires n'appliquent toute leur attention à l'âme — celle qu'ils se figurent — au grand préjudice du corps.

Je l'ai dit plus haut, depuis plus d'un siècle il s'est dégagé un sens, une signification morale de l'histoire de France : la France émancipatrice de l'esprit humain, émancipatrice de l'homme et du citoyen; c'est « l'Idée française »; et cette signification a fini par recouvrir si bien la réalité dont on prétend qu'elle est sortie, qu'elle a fait oublier cette réalité même, qu'elle est devenue la seule réalité. Telle une loi physique ou chimique qu'on regarderait seule, abstraction faite des phénomènes qui l'ont suggérée. Et voilà l'âme (1).

Le corps, c'est d'abord la « terre » : des champs, des prairies et des vignes, le plus beau patrimoine agricole qu'une nation puisse revendiquer ; des villes, des villages et des chaumières, et plus particulièrement le pays natal avec sa nature spécifique, forestière, agricole, vigneronne. Puis c'est « les morts », c'est-à-dire ce qui retentit dans notre sensibi-

(1) J'ai embrassé la France, disait Michelet, « dans l'unité vivante des éléments naturels qui l ont constituée. Le premier je la vis comme une âme. » *Préface*, 1869. Pure lutte d'esprits, répliquait Augustin Thierry, « pure psychomachie. » Il protestait contre « l'irruption désordonnée de la philosophie dans l'histoire ». « Toute histoire nationale qui s'idéalise et passe en abstractions et en formules sort des conditions de son essence ; elle se dépature et périt. La nôtre, après un rapide mouvement de progrès, risque de se trouver comme enrayée par l'affectation des méthodes et des formes transcendantes ; il faut qu'elle soit ramenée fortement à la réalité, à l'analyse... » *Considérations sur l'histoire de France*, 1840.

lité d'une longue série d'ancêtres qui s'y prolongent, soldats et missionnaires de tous les âges, paysans et industriels, penseurs et hommes d'action ; « les morts qui parlent, » dans les croyances, les traditions et les coutumes qu'ils nous ont transmises.

De ce corps, avouons-le, et il en est qui s'en feront honneur, nous ne nous sommes pas préoccupés outre mesure. Dans notre système l'idée a fait tort à la matière, l'esprit au corps, l'âme a tué la guenille, et, à la place de la chair et du sang, c'est un symbole que nous avons mis(1). A cette idéalisme dévorant j'at-

(1) Michelet avait commencé. Malgré sa vision concrète des choses, malgré le « tableau de la France » placé au début du second volume, il demeure surtout un symboliste à la façon allemande. Mais nous sommes allés plus loin que lui. Pour en recevoir une impression décisive, lire le *Rapport général du cinquième congrès des professeurs* déjà cité. Ce n'est pas de la formation du Français que la majorité du Congrès a paru le plus préoccupée, mais de celle du citoyen idéal, de l'électeur en soi, tenu seulement à se conformer à la logique et à la raison : « Il faut enseigner, dit l'un, sur quels principes repose la cité. » Et un autre : « Il faut former des citoyens, des constructeurs de cité. »

tribue le souci encore plus dominant dans les nouveaux programmes que dans les précédents, de mettre l'histoire des idées, des

« On admet bien, dit M. Chauvelon, professeur au lycée Voltaire, que les religions enseignent le catéchisme à des enfants de neuf ans, à qui on fait connaître la « cité de Dieu ». L'Université doit leur enseigner un autre catéchisme : elle doit leur faire connaître « la cité des hommes » (p. 107). Que cette cité soit la France ou Sirius, peu importe, semble-t-il, à ces purs esprits. « Il ne faut pas être trop prudent, dit M. Rosenthal, professeur au lycée de Dijon. Il faut donner aux enfants le goût et le respect des idées générales, désintéressées, absolues : la vie se chargera de les rectifier, ou de les tempérer d'expérience et de pratique. » p. 99.

M. Bouglé, professeur à la Faculté des lettres de Toulouse : « La noblesse de notre Révolution nous oblige ; nous devons être les représentants et comme les gardiens du rationalisme... Nous ne pouvons mettre notre gloire à subjuguer ou à exploiter les peuples, mais à les libérer. « La France est la patrie du droit, » « La France est la patrie de l'espérance, » « Tout homme a deux patries, la sienne et la France, » ces formules que les peuples ont répétées doivent nous rappeler que l'originalité de notre mission historique est l'universalité même de nos idées... Les idées rationalistes, individualistes et humanitaires, voilà l'âme de la patrie française. Et c'est au culte de ces idées que nous devons veiller avec un soin jaloux, si nous voulons conserver à notre nation sa tradition, sa gloire, sa raison d'être. » *La Grande Encyclopédie*, Art. *Histoire*, fin.

mœurs, des institutions, de la civilisation, tout
à fait au premier plan, en réduisant de plus
en plus la part faite aux guerres et à la diplo-
matie (1). Prenons garde aux conséquences.

Et d'abord, nous choisissons, pour fonder

(1) La recommandation expresse en est faite en toutes
lettres au bas du programme d'histoire de chaque classe,
dans le nouveau plan d'études.

Elle plaira sans doute à M. Alfred Fouillée, qui, parlant
de substituer à l'ancien enseignement de l'histoire « l'histoire de la civilisation et du progrès humain », a ajouté :
« Cette réforme permettrait de faire rentrer dans l'ombre
les neuf dixièmes des batailles et d'aller un peu plus au
fond de l'évolution vraiment humaine. » *La Réforme de
l'enseignement par la philosophie*, p. 27. Ce vœu, entre
parenthèses, s'accorde mal avec les sages avis du même
rapportés plus haut.

Elle plaira également à M. Maneuvrier, qui a demandé
qu'au lieu de la triste et dégradante histoire des luttes de
l'homme contre l'homme on enseignât « la noble épopée
de la civilisation, l'histoire virile, morale, vraiment démocratique, racontant non les dynasties, mais les peuples...
non les victoires éphémères de la force, mais la conquête
durable de la science et de la justice ».

Elle plaira surtout à M. Seignobos, qui a exprimé ce vœu
devant la commission d'enquête : « En rhétorique, on
pourrait donc commencer par le dix-huitième siècle et terminer par la Révolution et l'Empire. Ce seraient les conquêtes de Napoléon qui seraient sacrifiées quand le profes-

la conscience nationale, justement ce qui la divise, une philosophie. Si haute qu'elle puisse être, si aisément justifiable, c'est une vue de l'esprit, admirable sujet de déclamation, mais qu'on peut toujours contester. A ceux d'entre nous qui appellent la France « le soldat du Progrès », il y en a qui répliquent « le soldat du Christ » ou autre chose... qui décidera? Ces conflits de théories, inoffensifs peut-être dans un pays monarchique où le loyalisme dynastique sert de centre de ralliement, ou bien chez une race ayant pris d'elle-même une conscience suffisante, ne peuvent manquer, dans une nation comme la nôtre, parlementaire et composite, d'être une

seur n'arrive pas à la fin de son cours, ce qui est fréquent. » T. I, p. 234.

M. Philippe Gidel, professeur au lycée Saint-Louis, me semble avoir dit très sensément de l'histoire de la civilisation ainsi enseignée : « Donnée de prime abord à la place de l'histoire traditionnellement enseignée, elle ne peut avoir que des résultats fâcheux, en développant la manie des généralisations hâtives, déjà assez répandue chez nous. » *L'Éducation morale dans l'Université.*

cause de dissociation et d'émiettement. Nous divisons la maison contre elle-même dès ses fondements.

Chose plus grave, en idéalisant tant que cela la patrie, non seulement nous déplaçons l'objet principal du patriotisme, mais nous énervons le sentiment lui-même. Ce mot prononcé devant nous évoquait l'image du paysan qui défend sa récolte ou de l'ouvrier son travail, du soldat qui monte la garde autour de nos foyers et de nos tombes, de la force en un mot se dressant contre les agressions de la force. Attendons-nous que ce patriotisme-là subisse une dépréciation ; il passera pour grossier et vulgaire, dès l'instant que nous aurons paru lui en préférer un autre, plus spirituel et plus distingué, que j'appellerai, si vous voulez, le service de l'Idée (1).

(1) M. Gabriel Monod : « Le patriotisme, qui est la morale collective des nations, n'est plus, pour l'homme cultivé et moral d'aujourd'hui, l'admiration exclusive d'un seul pays, la volonté de le grandir aux dépens des autres, mais le désir de servir l'humanité en général en s'associant à

Personne, j'espère, ne nous fera l'injure de supposer que nous enseignerons jamais à ne plus honorer le patriotisme militaire ; mais nous-mêmes reconnaissons d'autre part qu'un

l'œuvre civilisatrice du pays où le sort vous a placé. » *Le Siècle*, 8 déc. 1900. — Plus tard, M. Gabriel Monod affirme « la nécessité de trouver une conciliation entre deux sentiments (humanitarisme et patriotisme) également légitimes en servant l'humanité dans la patrie et en mettant la patrie au service de l'humanité ». *Revue hist.*, mars-avril 1902, p. 357. « Mais le vrai patriotisme ne consiste pas seulement à admirer et à aimer son pays ; il consiste avant tout à travailler au bien de la patrie en s'associant à la tâche qu'elle accomplit dans l'œuvre générale de la civilisation, etc. » *Les leçons de l'hist.*, p. 24.

M. L. Havet, professeur à la Sorbonne : « Les devoirs envers la patrie se confondent avec les devoirs envers l'humanité. » Cité avec éloge par M. G. Monod.

M. Henri Berr : « Le patriotisme ne doit pas consister pour nous comme pour d'autres dans un égoïsme orgueilleux, jaloux, déprédateur, agressif. Notre ambition suprême doit être... d'accomplir notre destinée morale. Être patriotes, pour nous, Français, ç'a été, dans le passé, proclamer la vérité et servir le genre humain. Être patriotes, à cette heure, ce doit être... nous unir entre nous dans un idéal qui puisse un jour unir les peuples. » *Ouv. cité*, p. 29.

M. Hauser, professeur à la Faculté des lettres de Clermont-Ferrand : L'histoire « nous donne le sentiment de la patrie en ce qu'il a de rationnel et de durable », elle nous « révèle la solidarité de plus en plus étroite des nations

principe une fois posé, on n'est plus maître des conséquences. A côté de nos disciples qui se maintiendront également patriotes
de la tête et du bras, d'autres subordonne-
ront le patriotisme populaire au patrio-

entre elles, et nous donne le sentiment de l'humanité ».
L'Éducation morale dans l'Université, p. 190.

M. Nollet (*discours cité*), après avoir reproduit les vers
de Sully-Prudhomme :

> « … Nous presentons quelque cité dernière
> Où s'uniront nos mains, nos fronts dans la lumière,
> Tous frères et rois tous par un sacre pareil, »

es a commentés ainsi : « Chez tous les peuples, le patriotisme dépouillant toute vaine jactance et renonçant à
l'esprit d'agression, aussi fort, plus pur certainement,
n'impliquerait plus qu'attachement passionné à celle des
grandes familles humaines à laquelle nous rattache la faveur
de la naissance, et, avec les autres nations, que rivalité
féconde. Et, parmi les hommes, pour la première fois
depuis que les hommes ont paru sur la terre, la paix serait
maîtresse du monde. »

M. Nollet, qui veut inspirer aux élèves un patriotisme si
épuré, a-t-il au moins l'excuse de croire à la réalisation prochaine d'un état social qui le justifie? Pas du tout! Il
ajoute : « Cet avènement de la justice et de l'amour, nul
d'entre nous ne le verra. Disons plus, il ne sera jamais. »

Du reste, M. Nollet sait comme moi que M. Sully-
Prudhomme est venu à résipiscence. Voir sa pièce *Repen-
tir*, citée plus loin, p. 156, note 1.

tisme de l'élite, d'autres ne voudront plus être que de l'élite : le prétexte, en vérité, est trop commode au snobisme ou à l'amollissement contemporains. Et nous n'aurons pas le droit de les renier pour disciples parce qu'ils auront poussé à bout la logique de nos définitions (1).

L'Université doit fuir jusqu'à l'apparence de telles responsabilités. Le patriotisme implique une notion. L'Université sera donc dans son rôle en l'éclairant, en cherchant à l'étayer de bonnes et solides raisons. C'est sa mission de le rendre conscient et réfléchi. Mais le patriotisme est aussi et avant tout un

(1) N'ayant aucune intention de polémique, je me dispense de rappeler certains incidents retentissants qui, pendant le cours des dernières années, ont justifié ces appréhensions, ou de rapporter telle ou telle définition récente de la patrie, que les auteurs que je cite auront certainement réprouvée, quoiqu'elle ne soit qu'une aggravation des leurs.

Au reste, l'histoire étant un recommencement, le passé peut aussi bien nous instruire. Il faut lire sur les dangers du patriotisme spéculatif l'article très précis de M. Maurice Croiset, *l'Idée de patrie à Athènes au quatrième siècle*, dans la revue *Minerva*, n° du 15 septembre 1902.

sentiment; et je demande, parce que c'est le besoin de l'heure présente, qu'on lui laisse son revêtement d'instincts simples et touchants, qui, beaucoup plus que l'adhésion à une théorie qu'on croit bonne, font sa force et persuadent au besoin le sacrifice. En ces matières nous ne raffinerons pas seulement : soyons peuple (1).

Pour cela, *réalisons* davantage l'enseignement de l'histoire au lycée. Ne prenons pas plus longtemps pour point de départ un idéal, si beau soit-il, mais ce qui est, de la terre et des hommes, les conditions d'existence pro-

----

(1) M. Émile Faguet : « Il faut donc aimer la patrie profondément; mais comment convient-il de l'aimer? Ne cherchons ni subterfuges ni circonlocutions, et disons nettement qu'il faut l'aimer dans son moyen de défense, c'est-à-dire dans son armée, comme tous les peuples du monde ont aimé leur pays dans la force organisée pour le défendre. » *Problèmes politiques*, p. 113.

M. Gustave Le Bon : la notion de patrie « est le dernier lien qui maintienne encore l'existence des sociétés latines. Il faut, dès l'enfance, apprendre à aimer et à défendre cet idéal de la patrie. On ne doit le discuter jamais ». *Psychologie de l'éducation*, p. 224 (Flammarion, 1902).

près au composé français et seulement variables avec le temps. Ne négligeons aucun moyen de communiquer aux élèves le sens de cette réalité.

Le premier sera l'emploi généralisé de la méthode pittoresque. Déjà recommandée pour sa clarté (1), nous pouvons encore faire servir à nos fins l'émoi éveillé par ses images dans une jeune sensibilité. La méthode démonstrative, à peu près seule employée dans les classes supérieures, abstraite comme un théorème, en a la froideur.

La vie française, non moins dans les temps modernes que dans ceux de Clovis ou de Charlemagne, a intéressé les sens. Elle a eu ses fêtes, ses cérémonies, ses solennités, qui n'ont pas cédé en splendeur à la scène d'investiture d'un évêque au moyen âge ou à celle du Camp du drap d'or. Elle a eu des personnages illustres,

____

(1) Dans les *Instructions* de 1890, p. 57.

types accomplis du soldat, du diplomate, du parlementaire, de l'homme de lettres et du savant, capables d'exercer sur la jeunesse une fascination au moins égale à celle de Charlemagne ou de Duguesclin. En décrivant ces fêtes, en racontant ces grands hommes et, d'une manière générale, en montrant la politique, la littérature et les arts, l'industrie et le commerce en action, en présentant sous une forme concrète les divers aspects de la vie sociale, en les localisant et les dramatisant, on fera prendre un corps, dans l'esprit des élèves, à la notion de patrie ; ce seront comme des reliefs, des rayons et des couleurs qui la matérialiseront en quelque sorte à leurs yeux et la feront passer de la nuée métaphysique dans l'ordre de la réalité et de la vie.

J'ajoute que nous nous arrêterons volontiers aux guerres et que nous décrirons les grandes batailles. Aucun réalisme ne vaut celui de la guerre. Racontée à plusieurs siècles de distance, elle réussit à parler à l'imagination et au sentiment. Il n'est pas impossible d'émouvoir par le récit de la guerre de Cent ans. Un enfant bien entraîné « boute hors » l'Anglais avec le même entrain qu'un compagnon de la Pucelle. Que dire des guerres de la Révolution et de l'Empire! Elles exercent sur la jeunesse une véritable suggestion. A cet âge on ne fait plus qu'un avec les ancêtres; on s'en va à leur suite, claironnant à travers l'Europe, ou pleurant de rage dans la fournaise de Waterloo. Rien ne vaut les récits militaires pour intéresser au sort de la nation le sang et la chair des nouvelles générations; rien ne les vaut pour remuer les profondeurs de la sensibilité nationale, pour nous donner conscience de notre différence avec les voisins et de l'impossibilité où on est de se confondre.

N'oublions pas non plus la ressource du pays natal. Non seulement l'amour de la grande patrie est fait, en partie, de l'amour de la petite, mais c'est l'image palpable que nous nous faisons de bonne heure de la petite qui nous achemine peu à peu à percevoir l'image palpable de la grande. Un jeune Breton ou un jeune Provençal pour lequel sa province n'est qu'un nom sans consistance sera voué fatalement à ne connaître plus tard la France que sous les espèces de l' « Idée française ». Au contraire, l'aptitude à localiser la patrie française suivra naturellement une connaissance plus précise, une familiarité plus intime pour un Breton de la Bretagne, pour un Provençal de la Provence. Je voudrais qu'on y pensât au lycée ; j'ai déjà exprimé le souhait qu'on y fît une place à l'histoire et à la géographie de la région. On a fondé dans quelques facultés des chaires de ce genre : pourquoi n'en entendrait-on pas des échos au lycée? Voudrait-on me faire croire que le lycéen de Brest, de Nancy ou de Marseille serait moins intéressé par le détail, parfois héroïque, de l'histoire de sa province que par celui, souvent insignifiant, de l'histoire de la Pologne ou de la république de Venise? Où serait le mal qu'il apprît tout ce qu'il y a de sites curieux et de beautés naturelles dans son pays natal, de préférence à tel affluent de l'Ohio ou même du Dnieper? Surtout si, par une leçon de choses, celle-là vraiment digne de ce nom, on le menait sur les lieux, si un guide compétent lui faisait parcourir dans des promenades souvent répétées les endroits historiques fameux et les points d'excursion les plus renommés (1)? Dix années de ce régime, en fondant dans l'esprit avide des jeunes gens une connaissance positive de la petite patrie, leur inspireraient naturellement le désir d'en faire autant pour la grande ; en les dégoûtant de l'idéologie, cette discipline créerait en eux le besoin invincible de rechercher sous le symbole la terre et les hommes qui sont les vraies réalités.

(1) Quelle plus belle illustration de ces vérités que *la Vallée de la Moselle*, de M. Maurice Barrès (*l'Appel au soldat*), ou que la *Lettre de Saint-Phlin* (*leurs Figures*)?

VÉRITÉ ET PARTI PRIS NATIONAL

C'est beaucoup, pour l'éducation nationale de la jeunesse, de lui inculquer une notion de son pays continue et positive; pourquoi ne lui suggérerions-nous pas aussi quelque parti pris en sa faveur?

Parce que nous avons été battus en 1870, il ne faudrait pas, passant d'un extrême à l'autre, n'interroger les nations voisines que pour y prendre des motifs d'humilité. Iéna avait été un Sedan prussien. Faut-il rappeler que les vaincus n'en conçurent aucun abattement mortel, et que c'est au lendemain même, sous l'occupation française, que Fichte lança son fameux *Discours à la nation allemande* (1). Et ce discours ne fut pas un beau geste perdu, il créa un mouvement qui dure encore, une lignée d'historiens qui, avec la patience et la méthode propres à la race, se sont employés depuis à le répéter, à l'amplifier, dans des commentaires sans-fin.

Reprenons dans les *Questions historiques* de Fustel de Coulanges l'étude comparée de la manière d'écrire l'histoire en Allemagne et en France. Il y expliquait (c'était en 1872, devant les baïonnettes prussiennes) que depuis

---

(1) M. Philippe Gidel : « Voici par exemple un Fichte qui, se croyant dégagé de tout préjugé patriotique, dit en 1804 : « La patrie d'un Européen civilisé, c'est d'une façon gé- « nérale l'Europe ; en particulier, c'est l'Etat qui se trouve à « la tête de la civilisation. Avec ce sens cosmopolite, nous « pouvons assister tranquilles aux vicissitudes et aux catas- « trophes de l'histoire. » Et ce même Fichte en 1806 demande à servir dans l'armée prussienne comme « aumô- nier militaire laïque ». En 1807, il écrit « le Patriotisme et son contraire », et peu de temps après, dans la ville même de Berlin, occupée par les troupes françaises, il lance son fameux appel : « les Discours à la nation alle- mande. » Rien ne démontre mieux ce qu'il y a de naturel, de légitime, d'impérieux dans le sentiment patriotique. » *L'Éducation morale dans l'Université*, p. 186.

cinquante ans l'histoire en Allemagne n'avait jamais été conçue autrement que comme la collaboratrice de la grandeur allemande. Elle avait servi à changer au profit de l'Allemagne la signification de l'histoire du monde. N'épargnons pas les citations, qui, étant de Fustel, ont un prix auquel ne sauraient atteindre nos réflexions personnelles : « L'érudit allemand a une ardeur de recherches, une puissance de travail qui étonne nos Français ; mais n'allez pas croire que toute cette ardeur et ce travail soient pour la science. La science, ici, n'est pas le but, elle est le moyen. Par delà la science, l'Allemand voit la patrie. Les savants seront savants parce qu'ils sont patriotes. L'intérêt de l'Allemagne est la fin dernière de ces infatigables chercheurs... (1). »

(1) Et encore : « Nous professons en France que la science n'a pas de patrie ; les Allemands soutiennent sans détour la thèse opposée. « Il est faux, » écrivait naguère un de leurs historiens, M. de Gieselbrecht, « que la science n'ait point de patrie et qu'elle plane au-dessus de nos frontières ; la science ne doit pas être cosmopolite, elle doit être allemande. » p. 10. —

Fustel ne déniait pas aux historiens allemands le véritable esprit scientifique, il disait que leur injustice était naïve et sincère. Ils voudraient être impartiaux, ils le seraient s'ils n'étaient Allemands. Ils ne peuvent faire que le patriotisme ne soit le plus fort : « Les yeux des historiens allemands sont faits de telle façon qu'ils n'aperçoivent que ce qui est favorable à leur pays ; c'est leur manière de comprendre l'histoire, et ils ne sauraient la comprendre autrement. Aussi l'histoire d'Allemagne est-elle devenue, tout naturellement, dans leurs mains un véritable panégyrique (1). »

Cette passion si profonde était de plus administrée avec une méthode qui en centuplait

Le meilleur commentaire des paroles de Fustel de Coulanges est l'épigraphe mise par Pertz en tête des *Monumenta Germaniæ historica : Sanctus amor patriæ dat animum.*

(1) Et encore : « Nous nous proclamions vantards; ils se vantaient avec candeur. Nous faisions croire au monde entier que nous nous vantions, alors même que nos propres historiens s'appliquaient à nous rabaisser : ils se vantaient sans avertir personne, modestement, humblement, scientifiquement, comme malgré eux et par pur devoir. » p. 12.

les effets. Ce peuple apportait dans l'érudition les mêmes qualités que dans la guerre : « Ses historiens forment une armée organisée... La science allemande procède comme les armées de la même nation : c'est par l'ordre, par l'unité de direction, par la constance des efforts collectifs, par le parfait agencement de ses masses qu'elle produit ses grands effets et qu'elle gagne des batailles. La discipline y est merveilleuse (1). »

On devine les résultats d'une action scientifique si bien ordonnée : « L'histoire ainsi pratiquée était à la fois un moyen de gouvernement et une arme de guerre. Au dedans, elle faisait taire les partis et fondait une centralisation morale plus vigoureuse que ne l'est

(1) Et encore : « Si le peuple allemand convoite l'Alsace et la Lorraine, il faut que la science allemande, vingt ans d'avance, mette la main sur ces deux provinces. Avant qu'elle s'empare de la Hollande, l'histoire démontre déjà que les Hollandais sont des Allemands. Elle prouvera aussi bien que la Lombardie, comme son nom l'indique, est une terre allemande, et que Rome est la capitale naturelle de l'empire germanique. » p. 8.

notre centralisation administrative. Au dehors, elle ouvrait les routes de la conquête, et elle faisait à l'ennemi une guerre implacable en pleine paix... »

Un patriotisme énergique et dont toutes les forces, intellectuelles, morales, matérielles, furent rendues convergentes au même but, voilà donc l'histoire de l'Allemagne, telle que la voyait Fustel. Et voilà aussi comment il expliquait l'histoire de son Histoire (1).

Depuis 1872 rien n'a changé chez nos voisins. Aujourd'hui comme il y a trente ans, l'histoire est la servante de la grandeur allemande ; elle continue à forger une âme commune au jeune empire et à se faire sur toutes les frontières la fourrière du pangermanisme. M. Lavisse l'a constaté jadis avec quelque envie (2), et tout récemment M. Édouard

----

(1) M. Ch. Maurras a rendu ce contraste saisissant dans un article de la revue *les Pays de France* intitulé *le Suicide d'une nation*.

(2) *Questions d'enseignement national*, p. 41.

Lockroy reconnaissait la juste part qui lui revenait dans l'effort unanime tenté par la nation pour « faire la patrie forte et dominatrice (1) ».

Pas plus depuis 1872 qu'avant, l'histoire en France n'a montré ces tendances nationales. Après nos défaites nous nous sommes plus engoués que jamais de nos vainqueurs, mais en ayant soin de leur laisser ce qui eût été le plus utile à imiter, « un système d'éducation conçu sous la forme d'un entraînement national (2). » L'histoire, en particulier, est allée à Leipzig, à Bonn, se mettre docilement sous la direction des maîtres allemands, emprunter les méthodes allemandes et les « cours

(1) *Le Temps*, mai 1901, études sur *l'Esprit public en Allemagne.*

(2) Gaston Deschamps, *le Malaise de la Démocratie,* p. 178 (A. Colin, 1900). Les chap. v et vi sont à lire en entier. La germanisation de notre enseignement y est racontée avec une verve malicieuse par un témoin autorisé, ainsi que le rôle prépondérant joué dans cette opération par M. Gabriel Monod. Compléter cette lecture par celle de deux articles parus au *Temps*, 9 et 16 septembre 1900.

fermés » allemands ; elle s'est bien gardée d'en rapporter la vocation nationale qui soulevait toute cette pédagogie, qui enflammait les grands et les petits Mommsen (1). Notre école historique a voulu copier l'organisation allemande que Fustel comparait à une armée : seulement elle l'a fait en dehors de cette préoccupation nationale qui était le but et l'aiguillon de l'école de nos voisins.

C'est que nos historiens, s'ils ne sont pas moins patriotes que ceux d'Allemagne, se sont formés de l'histoire une autre concep-

(1) Au contraire, nous l'avons sévèrement blâmée. M. Alfred Fouillée : « Ils (les Allemands) ont même fait de leur enseignement de l'histoire une école de mensonge où la fin patriotique justifie les moyens. Comme l'a dit devant la commission d'enquête M. Boutroux, qui connaît à fond les gymnases allemands, l'éducation allemande par l'histoire consiste essentiellement à « enseigner que le but de l'Éternel, en créant le monde, a été de préparer la domination de la Prusse sur l'Univers ». Quant aux Anglais, attendez quelques années pour lire dans leurs manuels d'histoire le récit de la guerre des Boers, de ses causes glorieuses, de ses moyens glorieux et de ses glorieux effets. » *La Réforme de l'enseignement par la philosophie*, p. 20.

tion. Ils l'envisagent directement, pour elle-même, abstraction faite de toute préoccupation qui lui serait étrangère, non seulement morale, mais politique ou religieuse. L'intérêt de la France leur est cher : plus cher celui de la vérité. Ils disent : « Le but de l'histoire est simplement de savoir (1); » ou bien : « Le principal mérite de l'histoire est d'être un instrument de culture intellectuelle (2); » ailleurs : « L'histoire est surtout un instrument de culture sociale. » Et avec plus de netteté encore : « On renonce aussi à employer l'histoire pour exalter le patriotisme ou le loyalisme comme en Allemagne... On comprend que la valeur de toute science consiste en ce qu'elle est vraie, et on ne demande plus à l'histoire que la vérité (3). »

(1) MM. Langlois et Seignobos, *Introduction aux études historiques*, p. 263.

(2) *Ibid.*, p. 279.

(3) M. Seignobos, *Introduction*; Appendice I, *l'Enseignement secondaire de l'histoire en France*. M. Langlois a mis innocemment au-dessous de ce passage la note sui-

La vérité, seulement la vérité, voilà donc l'unique objet des recherches de nos historiens français et voilà leur souveraine maîtresse. Il ferait beau voir que je m'en scandalise! Aussi me contenterai-je de solliciter d'eux quelques éclaircissements. De quelle vérité veulent-ils parler? L'histoire, à lui accorder qu'elle soit une science, n'est pas plus capable que les autres d'atteindre la vérité absolue. Là-dessus nous n'avons pas que les affirmations intéressées des philosophes (1); nous avons les aveux formels de ces mêmes historiens. Ils sont unanimes à reconnaître avec l'un d'eux qu' « on ne peut demander à

vante : « Constatons cependant qu'à la question posée en 1897 aux candidats au baccalauréat moderne : « A quoi sert l'enseignement de l'histoire? » 80 pour 100 des candidats ont répondu en substance, soit parce qu'ils le pensaient, soit parce qu'ils croyaient plaire : « à exalter le patriotisme. » — On répondra à M. Langlois que la question est précisément de savoir lequel était le plus justifié, de l'instinct des candidats ou de l'étonnement de l'examinateur.

(1) Lire dans *la Réforme de l'enseignement par la philosophie* le réquisitoire de M. Alfred Fouillée contre l'enseignement de l'histoire. L'auteur y déclare qu'on ne peut

l'histoire de formuler des jugements absolus, quand ni la morale ni la philosophie n'en comportent (1) ».

Ils répliqueront peut-être que si le détail

rien tirer de l'histoire, ni la vérité, ni des lois générales, ni une moralité.

(1) M. Gabriel MONOD, *les Leçons de l'histoire*, p. 7 et suiv.

Jamais des historiens, dit M. Langlois « ne seront du même avis sur un ensemble de faits complexes ». (*Revue bleue*, 25 août 1900, *l'Histoire au dix-neuvième siècle*.) Et où sont les faits non complexes?

Sur M. Seignobos, voici l'appréciation de M. G. Monod : « Personne n'a si fortement mis en lumière les incertitudes de l'histoire et son caractère subjectif que M. Seignobos. » *Revue historique*, novembre-décembre 1901, p. 380.

M. Gallouédec, professeur au lycée Charlemagne : « Mais, comme l'histoire est là encore pour vous mettre en garde contre l'illusion des certitudes absolues!... Il n'est pas une idée au monde que mille esprits n'aient débattue avec la même bonne foi, le même désintéressement, la même intelligence, la même pénétration, la même fièvre de vérité. Et cependant sur un seul sujet que d'opinions contraires, contradictoires! Ce qui est bon ici est jugé là mauvais. L'erreur d'hier est devenue la vérité d'aujourd'hui... » *Disc. des prix*, 1902.

Pourquoi ne pas reconnaître, sans réticences, que l'histoire, qui est née en France de la lutte des partis, n'a pas cessé tout le long du xixe siècle d'être un instrument de polémique?

de l'histoire est incertain, les grandes lignes ne le sont pas, par exemple le Progrès, qui, avec l'idée du bonheur général et de l'humanitarisme, est resté depuis Condorcet le dogme essentiel du rationalisme moderne. Mais qui ne sait que cette prétendue certitude est très sérieusement contestée? En quoi consiste le progrès? S'agit-il du progrès matériel ou du progrès moral? ou des deux à la fois? L'un et l'autre sont-ils des réalités? Le progrès moral n'est-il pas exclusivement individuel? Ce qu'on appelle le progrès social ne se réduit-il pas à un simple mouvement, par évolution ou dissolution? Autant d'hypothèses, ou de vérités relatives, entre lesquelles il est naturel et légitime de laisser le professeur de faculté libre de son choix devant des auditeurs capables de le contrôler, mais que la simple loyauté interdit d'imposer au lycée comme des axiomes.

Dans ces conditions, si la vérité permise à l'histoire est une vérité relative, pourquoi, au lieu de réprouver les historiens allemands de s'être placés de préférence au point de vue de la vérité allemande, ne ferions-nous pas comme eux? pourquoi, je ne dis pas nos historiens de profession, mais nos professeurs d'histoire ne se rallieraient-ils pas à la vérité française? Par ce mot, qui ne doit pas faire scandale, entendons ce qui est vrai par rapport à un pays déterminé, le nôtre; par rapport à un homme déterminé, le Français. Exemples : du point de votre vérité absolue, peut-être la Réforme allemande valait-elle plus que la Renaissance latine, la Raison pure de 93 plus que la tradition : du point de vue français, c'est à coup sûr la Réforme qui a eu le tort de n'être qu'un demi-succès, et la Raison de 93 un succès trop complet (1). De même il importerait peut-être à la civilisation

(1) M. Gabriel Monod : « Il (Taine) n'a pas tout dit, mais ce qu'il a dit est vrai... il est vrai que la Révolution a déchaîné l'anarchie en détruisant les institutions traditionnelles pour les remplacer par des institutions rationnelles sans racines dans l'histoire et dans les mœurs. » *Les Maî-*

générale que nous adhérions au traité de Francfort : à notre avenir national cette défaillance serait certainement fatale. Et ainsi de suite. Si nous consentions à fonder sur cette vérité-là, ou plus exactement sur cette réalité, l'enseignement de notre histoire, comme à la place de l'hypothèse c'est le fait que nous envisagerions, nous gagnerions au moins de nous mettre tous d'accord. Sur les divers « idéals » proposés à la France, on a le droit de varier d'opinion : sur la santé, sur la puissance, sur le salut de la patrie française, comment disputer?

Je sais bien que les fanatiques du Progrès, considérant la France comme un « creuset d'idées », comme un champ d'expériences exposé aux yeux des autres nations, sont tout disposés à faire bon marché de sa puissance et de son salut sous prétexte que sa dissolution sera profitable à des sociétés nouvelles,

tres de l'Histoire, 3ᵉ édit., 1896, p. 171. Opposer à la citation rapportée plus haut, p. 99, note 1, à la fin.

héritières de ses leçons (1). Personnellement je ne suis pas au niveau de tant de grandeur d'âme : .mais existe-t-il un seul homme à qui une pareille conception puisse paraître bonne à former de jeunes Français? Comment s'y prendra-t-on pour tirer de cette résignation

(1) M. Gustave Lanson : « ...le culte de la France, de son clair et noble génie, l'amour de ses souffrances, qui lui sont venues souvent d'avoir conçu trop tôt un idéal trop pur et d'avoir préféré l'humanité à elle-même. Aimons-l'en davantage, et ne répudions pas ce passé; il est la raison d'être de la France dans le monde. » *L'Université et la Société moderne*, p. 60.

D'un professeur de philosophie à la Sorbonne : « Je ne pense pas que la grandeur de la France puisse être désormais de s'enfermer dans une sorte d'égoïsme national ; elle devient petite matériellement par la force des choses; l'heure n'est pas peut-être de se rétrécir de parti pris et de s'amoindrir moralement. » Lettre citée dans la revue *l'Action française*, 15 mai 1901, p. 782.

M. Henri Berr, après une esquisse dédaigneuse de la puissance de l'Allemagne et de l'Angleterre, ajoute : « S'il n'était question pour les peuples, dans les temps qui viendront, que de croître en nombre, en force, en richesse, la France peut-être, malgré ses ressources, perdrait sa place dans le monde... Mais ne voit-on pas que le problème tel qu'on le pose est barbare?... Il serait peut-être plus sûr, et il serait plus beau d'être le roseau pensant. » *Peut-on refaire l'unité morale de la France?* p. 28.

transcendantale des motifs d'espérance et d'énergie civique? pour déterminer des jeunes gens incapables, quand ils ont froid, d'économiser un seau de charbon pour le bonheur de leur propre postérité, à sacrifier un jour leur vie à une postérité qui leur serait étrangère?

Je pourrais, à cet endroit, faire moi aussi appel au sentiment; je pourrais appliquer au lycée ce qu'un historien éminent a dit de l'école primaire : que l'enseignement historique qui « ne laisse dans la mémoire que des noms et des dates » est tout à fait inutile à un Français; qu'il faut rompre avec les habitudes acquises et ne plus enseigner l'histoire « avec le calme qui sied à l'enseignement de la règle des participes », parce qu'il « s'agit ici de la chair de notre chair et du sang de notre sang »; 'que si l'écolier « ne devient pas un citoyen pénétré de ses devoirs et un soldat qui aime son fusil », le professeur « aura perdu son temps (1) ». Mais comme les hommes auxquels je m'adresse sont froids et rassis, qu'ils n'ont à la bouche que les mots de vérité, de document, de critique de textes, j'ai passé sur les raisons du cœur pour n'alléguer que celles que connaît la raison.

Je répondrai d'avance à une objection qu'ils ne manqueront pas de me faire : qu'il n'y a pas eu d'historien français plus partisan de l'histoire impartiale et désintéressée que Fustel de Coulanges, dont j'avais l'air tout à l'heure d'invoquer le patronage. C'est exact, Fustel avait repris pour son compte la fameuse formule de Fénelon, que le bon histo-

______

(1) M. Lavisse, *ouv. cité*, p. 209 et suiv. M. Gidel a fort bien dit également : « Je ne me crois pas tenu, quand je retrace l'histoire de mon pays, à la même impassibilité que si je parlais des Assyriens ou des Mèdes. Bien au contraire, si je ne parvenais à faire sentir aux élèves que l'histoire de France, c'est, comme on l'a dit, *nous* dans le passé, que nous sommes solidaires de nos ancêtres, que leurs misères et leurs joies sont les nôtres, je me considérerais comme inégal à ma tâche. » *L'Éducation morale dans l'Université*, p. 187.

rien « n'est d'aucun pays ». Mais premièrement, de même qu'on conteste l'opinion de
Fénelon, on est en droit de discuter celle de
Fustel; ensuite, il n'est pas prouvé que celui-
ci ne serait pas entré dans la distinction que
nous avons faite plus haut de l'enseignement
supérieur, où la recherche est plus libre, et
de l'enseignement secondaire, qui doit être
patriotique; enfin, ce qui tend à faire croire
qu'il l'eût admise, c'est la conclusion de son
« étude comparée », où, après avoir exprimé
ses préférences pour le désintéressement historique, il a écrit : « Mais nous vivons aujour-
d'hui dans une époque de guerre. Il est presque impossible que la science conserve sa
sérénité d'autrefois. Tout est lutte autour de
nous et contre nous; il est inévitable que
l'érudition elle-même s'arme du bouclier et
de l'épée. Voilà cinquante ans que la France
est attaquée et harcelée par la troupe des
érudits. Peut-on la blâmer de songer un peu à
parer les coups? Il est bien légitime que de

nos historiens répondent enfin à ses incessantes agressions, confondent les mensonges,
arrêtent les ambitions et défendent, s'il en est
temps encore, contre le flot de cette invasion
d'un nouveau genre, les frontières de notre
conscience nationale et les abords de notre patriotisme (1). » Je ne demande pas autre chose.

HUMANITÉ ET NATION

J'arrive à mon dernier *desideratum*, que
l'enseignement de l'histoire de France au lycée soit davantage particulariste. Il ne l'est
pas assez, nous nous y attendions. Des historiens qui ne se réclament que de la vérité, et
qui de leur patrie s'intéressent principalement
au rôle qu'elle joue dans la marche générale

(1) p. 16.

de la civilisation, devaient porter naturellement leurs regards plus haut et plus loin que ce canton de l'univers, ils devaient mettre la France à sa place dans le reste du monde, et nous savons de reste qu'elle n'y occupe pas toute la place, ni même la première (1).

C'est pourquoi nous avons lu sans étonnement dans les *Instructions* de 1890, document officiel, le conseil suivant : « La méthode qui prescrit de mettre partout notre pays au premier plan et le monde en prolongement expose l'écolier à des préjugés trop forts... Nous n'avons jamais été, nous ne serons jamais des particularistes. Il fait partie de notre profession de Français d'aimer l'humanité et de la servir (2). » On tenait

(1) M. Maneuvrier : « On fera pour notre histoire ce que Copernic a fait pour notre planète : on la mettra à son plan exact dans l'immensité de l'espace et du temps. » *Ouv. cité.*

(2) On ne peut pas, en lisant ce passage de M. Lavisse, s'empêcher de penser à cet autre de lui-même où, après avoir affirmé que l'avenir « ne verra pas l'humanité devenir une patrie », il ajoutait : « Le moment n'est pas venu

sans doute à cette recommandation, puisqu'elle a été répétée au programme de chaque classe. Pour moi, je ne l'ai jamais relue sans malaise. Certes je ne suis pas assez féru des Allemands pour vouloir comme eux bannir de ces ateliers scientifiques qui sont l'École des hautes études, l'École normale et les facultés, la conception cosmopolite de l'histoire : au lycée elle me paraît déplacée et dangereuse.

La déduction la plus naturelle et tout à fait à sa portée qu'en tirera un jeune homme, toujours frondeur des « préjugés », c'est que l'amour de l'humanité fait désormais avec l'amour de la France partie intégrante, indissoluble, du patriotisme français (1). Je suis

— il ne viendra pas de sitôt — de renoncer au particularisme national et à ses énergies. » *A propos de nos écoles* (A. Colin, 1895).

(1) Que parlé-je de déduction! M. Gabriel Monod ne l'a-t-il pas dit expressément? Voir p. 121, note 1. — On étudiera les origines historiques de cette conception du patriotisme, et son évolution jusqu'à nos jours, dans le livre

fier d'une si éminente vocation : je demande seulement ce qui adviendra en cas de conflit? Car enfin j'ai beau lire qu' « il y a quelque chose d'impie à opposer comme contradictoires les deux mots d'humanité et de patrie (1) », ailleurs « que les devoirs envers la patrie se confondent avec les devoirs envers l'humanité (2) », il y a eu des jours, n'est-ce pas? où la contradiction a éclaté, où la confusion n'a plus été possible, et de ces jours-là, hélas! le dernier n'a pas commencé à luire (3). Si l'élève a reçu de la nature un vif sentiment patriotique et qu'il l'ait cultivé

de M. Georges GOYAU, *l'Idée de patrie et l'Humanitarisme* (Perrin, 1902).

(1) M. Gabriel MONOD, *Revue historique*, mars-avril 1902, p. 359.

(2) M. L. HAVET, passage déjà cité.

(3) M. Faguet : « La France est presque universellement détestée, et ces trois mobiles : la haine, la crainte et la cupidité, qui ont réuni contre la Pologne ses puissants voisins, animent parfaitement contre la France des voisins tout aussi redoutables.

« La disparition de la France est en train de devenir un rêve européen... » *Problèmes politiques*, p. 111.

par la méthode dont ces pages sont remplies, je suis tranquille sur la solution qu'il donnera du premier coup au problème.

Mais s'il a l'esprit faux, incapable de distinguer le point assez subtil où s'impose « la nécessité de trouver une conciliation entre deux sentiments également légitimes en servant l'humanité dans la patrie et en mettant la patrie au service de l'humanité (1) », s'il a subi l'intoxication ambiante de la chimère internationaliste, ou si plus simplement et plus généralement c'est un veule, soyez assuré que c'est le patriotisme qui aura tort. Nous n'aurons servi qu'à lui suggérer une belle formule pour colorer sa défaillance; il prétextera qu'il n'est pas pour « l'égoïsme national (2) », ou que l'idée de patrie est, dans l'espèce, contradictoire avec son humanitarisme, attendu qu'elle n'a pas ce qu' « exige », paraît-il, cet humanitarisme, « qu'elle s'har-

(1) M. Gabriel Monod, *ibid.*, p. 357.
(2) L. Havet.

monise avec les idées de justice et les sentiments de fraternité qui doivent être les mêmes pour tous les hommes (1). » Si j'ai bonne mémoire, j'ai déjà entendu ces défaites, en plein Parlement, au moment du vote des crédits pour l'expédition de Madagascar ou pour celle de Pékin.

Voilà comment, avec les meilleures intentions du monde, avec le très honorable dessein d'élargir l'esprit des élèves, ou de les civiliser, on couve en eux d'équivoques citoyens (2). On croirait vraiment qu'il y a encore dans l'Université des disciples attardés de Rousseau et de son utopie absurde de la bonté foncière de l'homme.

A tant de subtilités comme je serais tenté

(1) M. G. Monod, *ibid.*, p. 360.
(2) M. Gustave Le Bon : « Rien n'est plus funeste pour l'avenir d'un pays que les discours de quelques philanthropes à courte vue, parlant de désarmement, de fraternité et de paix universelle. Leur humanitarisme vague finirait par saper entièrement notre patriotisme et nous laisserait désarmés devant des adversaires qui ne désarment jamais. » *Psychologie de l'éducation*, p. 228.

d'opposer ces mots clairs et précis, issus d'un sens très net des réalités : « Nos désastres nous apprennent qu'il ne faut pas aimer ceux qui nous haïssent, qu'il faut aimer avant tout et par-dessus tout la France, notre patrie, et l'humanité ensuite. » Cela était dit devant un auditoire d'enfants. J'en appelle de l'auteur des *Instructions* à l'auteur de cette phrase bien française : c'est le même (1).

Expliquons-nous. Si je demande au lycée plus de particularisme français, il ne faudrait pourtant pas me prendre pour un can-

(1) M. Lavisse. La phrase est citée (avec réprimande, bien entendu) par M. Alfred FOUILLÉE, *l'Enseignement au point de vue national*, p. 287.

Dans *la Réforme de l'enseignement par la philosophie*, p. 25, M. Alfred Fouillée signale à la réprobation générale cette autre phrase, un peu excessive, j'en conviens : « Si je n'avais pas pour le drapeau le culte d'un païen pour une idole qui veut de l'encens et, à de certains jours, des hécatombes... je perdrais la principale raison de vivre. » Sans nommer l'auteur, M. Alfred Fouillée dit que cette phrase est d'« un de nos plus éminents et de nos plus généreux historiens, qui s'est fait éducateur et a su exercer une influence sur la jeunesse ». L'éloge semble bien convenir à M. Lavisse.

nibale. Je déclare bien haut que ce n'est point uniquement envers notre patrie que nous avons des devoirs ; nous en avons aussi envers la patrie des autres. Nous leur devons le respect dû à toute personne morale, le respect de leur existence, de leur liberté, de leurs possessions, de leur honneur. Il est même souhaitable que nous les aimions, sans que cela soit exigible, notamment par nos ennemis.

Mais ce qui ne supporte aucun doute, c'est qu'en cas de conflit de devoirs, entre ceux envers la patrie et ceux envers l'humanité, c'est toujours sa patrie qu'on doit préférer, sans réserve, sans chicane, sans arrière-pensée. L'humanité, de quelque auréole qu'on la nimbe, n'a le droit de réclamer de personne le sacrifice de sa patrie, ce sacrifice dût-il être fructueux pour le bien général (1). Et c'est pourquoi, dans le

(1) Si les rêveurs d'humanité ne se lassent pas de citer (et on l'a fait encore à la dernière distribution des prix du concours général, voir plus haut, p. 123, en note) les vers

but d'éviter à la jeunesse tout scrupule dissolvant, je voudrais que l'Université l'habituât comme par le passé à ne pas mettre ailleurs qu'en France son idéal.

S'il déplaît de prendre l'Allemagne impériale pour modèle, récuserons-nous la Répu-

où M. Sully-Prudhomme célébrait autrefois cette chimère, ils font le silence sur les belles strophes qu'il a consacrées à faire sa coulpe publique de tant de naïveté :

> Je m'écriais avec Schiller :
> « Je suis un citoyen du monde,
> En tous lieux où la vie abonde
> Le sol m'est doux et l'homme cher.
> Où règne en paix le droit vainqueur,
> Où l'art me sourit et m'appelle,
> Où la race est polie et belle,
> Je naturalise mon cœur.
> Mon compatriote, c'est l'homme !... »
> Naguère ainsi je dispersais
> Sur l'univers ce cœur français :
> J'en suis maintenant économe.
>
> . . . .
> De mes tendresses détournées
> Je me suis enfin repenti ;
> Ces tendresses, je les ramène
> Étroitement sur mon pays,
> Sur les hommes que j'ai trahis
> Par amour de l'espèce humaine.

Strophes citées avec beaucoup d'à-propos dans les *Tableaux de l'Année tragique,* anthologie de la ·· erre de 1870, chez Hachette, 1901.

blique américaine? Je ne sors pas des Anglo-Saxons, si chers à nos hommes de progrès. Justement la démocratie « sœur » vient de faire connaître par le plus autorisé de ses représentants, son chef d'État électif et civil, son opinion sur le sujet qui m'occupe, le patriotisme et les relations des nations entre elles (1). Les États-Unis et leur président désirent et espèrent la paix par la justice, c'est entendu ; mais convaincus que la réalisation de cet idéal est très éloignée, indépendante de leur volonté, ils renient « l'homme qui aime les autres pays autant que le sien », « l'anémique homme de raffinement et de culture, dont l'intellect a été éduqué aux dépens du caractère, et qui se dérobe à ces combats par lesquels seuls le monde s'élève à la grandeur. » Tolstoï leur fait horreur, avec son « malsain mysticisme de paix ». Ils s'indignent qu'il y ait des Américains capables d'ensei-

(1) *La Vie intense*, par le président Roosevelt, traduction (Flammarion, 1902).

gner à la jeunesse à ne pas croire aux « droits
du pays contre d'autres pays », et à regarder
comme le signe d'un esprit éclairé de décrier
« l'affirmation de ces droits par les armes ».
« C'est une mauvaise chose pour tout homme
d'éducation d'oublier que l'éducation devrait
intensifier le patriotisme... L'utile membre
de la confraternité des nations est cette nation
qui est le plus à fond saturée de l'idée nationale (1). » Méditons le livre du président Roosevelt. Il paraît impossible, à notre époque de
transition et de crises, de mieux équilibrer
que ne le fait cet éminent chef d'État les
deux ressorts du véritable gouvernement moderne, l'égoïsme national et l'équité interna-

(1) Le président Roosevelt n'aurait donc pas compris davantage qu'un congrès d'éducateurs réunis en vue de définir
l'éducation civique, aient commis l'invraisemblable distraction de ne pas écrire une seule fois dans les cinquante lignes
consacrées à cette définition le mot « patrie ». C'est seulement au cours de la discussion et à la suite d'un amende-
ment proposé par deux collègues que la formule : « C'est
apprendre à l'enfant ses devoirs envers la patrie » a été
ajoutée. Voyez *Rapp. gén.*, p. 102.

tionale. Inspirons-nous de lui pour inculquer à nos élèves que, s'ils sont appelés un jour à diriger les destinées de la France, ils devront le faire comme des justes, mais sans admettre un seul instant qu'elle cesse d'être forte entre les plus fortes. C'est la victoire des États-Unis à Cuba qui a fait leur prépondérance à la Haye.

IV

L'ÉDUCATION CIVIQUE
ET LA DÉCLARATION DES DROITS

Voici une question tout à fait à l'ordre du jour; elle a rempli jusqu'à l'absorber un récent congrès de professeurs (avril 1902).

Par éducation civique, ceux qui la réclament si bruyamment entendent, si je ne me trompe, deux choses : les devoirs des citoyens les uns vis-à-vis des autres, et leurs devoirs vis-à-vis de la République (1). Expliquons-nous

(1) La rédaction officielle du Congrès manque un peu de clarté : « Donner l'éducation civique et sociale, c'est orienter les aptitudes intellectuelles et morales de l'enfant vers la méditation et la pratique prochaine de ses droits et de ses devoirs politiques et sociaux;... cette éducation ne se contente pas seulement de respecter la liberté de l'enfant, elle la cultive, la développe et la moralise, en y associant l'idée de justice et de solidarité humaine...» *Rapport général*, p. 103.

sur l'un et l'autre de ces deux articles, sans nous exagérer la nouveauté d'aucun.

*
* *

Sur le premier notre conscience universitaire ne nous reproche rien. La morale civique, au sens d'une bienveillance réciproque entre concitoyens, est partout diffuse dans notre enseignement. Il n'y a pas de classe, de la neuvième à la première, où le professeur n'ait à chaque instant l'occasion de parler justice, bonté, tolérance, humanité. Qu'il faut aimer ses semblables, que tous les hommes sont frères, que nous nous devons les uns aux autres, c'est le grand lieu commun de l'éducation à tous ses degrés, parce que c'est le fond de toutes les littératures classiques, principalement depuis l'origine du christianisme.

Le programme officiel de la classe de philosophie contient un chapitre spécial consa-

cré aux devoirs envers nos semblables. J'y lis
que le professeur enseignera la justice et la
charité, et aussi, ce qui est moins simple, les
rapports de la morale et de l'économie politique, ceux du travail, du capital et de la
propriété.

D'innovation possible et acceptable, je n'en
vois guère que dans l'accentuation du devoir
de justice. On sait la prétention de la morale
solidariste : tandis que la charité, pour nous
solliciter à secourir nos semblables, s'adresse
à notre cœur, la morale de la solidarité fait
appel à la raison, elle se flatte de transformer
la fraternité chrétienne, fondée librement sur
un acte de foi, en une obligation déduite de
lois scientifiques et susceptible de passer dans
la loi civile. Ce n'est pas le lieu de discuter
ici le fondement de cette morale. Du moment
qu'elle ne peut avoir que des effets excellents,
et à la condition qu'elle n'ait pas pour arrière-
pensée d'entrer en conflit avec la fraternité
chrétienne, j'admets volontiers qu'on l'adopte,

qu'on pose la notion de justice à la base de la morale universitaire. L'égoïsme est si essentiel à l'homme, qu'on ne nous fournira jamais trop de raisons contre lui.

Mais la sagesse commande de s'en tenir là. Un cours de civisme distinct et défini n'est pas nécessaire au lycée. Surtout nous ne sommes pas chargés de fournir à nos élèves une théorie sociale, la théorie collectiviste pas plus qu'une autre. Nous ne savons pas quelle est la bonne, ni s'il y en a une bonne. Le saurions-nous, l'âge de nos élèves nous interdirait encore de tels sujets (1). J'en suis

(1) C'est dire que nous n'aurions pas approuvé au Congrès cette vue d'un collègue, M. Léger, professeur au lycée du Mans, sur le rôle de l'Université : « Elle ne doit pas se contenter de former des agriculteurs, des ingénieurs, des médecins, des avocats; elle doit former ce que tous les jeunes gens seront, des constructeurs de cité. Il faut donc exercer les jeunes gens à réfléchir dans la sérénité et le calme à ces grands problèmes de l'organisation de la famille, du travail, de la société politique, que bientôt ils auront à trancher. Il faut faire leur éducation politique en leur exposant toutes les doctrines, afin qu'ils ne prennent pas une vérité partielle pour la vérité totale. » *Rapport général,*

d'avance consolé : on n'apprend pas à l'homme à être bon à l'homme par vertu démonstrative. Il n'y a pas de système philosophique au monde capable de nous contraindre à l'action. Le plus stupide des hommes étonne par son ingéniosité à se soustraire aux impératifs catégoriques qui le gênent, sociaux aussi bien que moraux.

Ce qui vaut mieux que n'importe quelle théorie, c'est une disposition naturelle, le goût de se donner, qu'il dépend de l'éduca-

p. 84. Quand on pense que de telles résolutions ont été étendues à l'enseignement des jeunes filles! Mme Desparmet-Ruello, professeur au lycée de jeunes filles de Lyon, a fait adopter le vœu contenu dans la déclaration suivante : « Convaincue que dans la question de l'éducation civique… la femme, loin d'être une quantité négligeable, est un instrument dont les partis adverses savent admirablement se servir pour propager leurs idées, demande, dans l'intérêt de nos institutions républicaines et de l'éducation civique des enfants, que les femmes soient intéressées aux questions sociales, et que, dans ce but, un enseignement civique et social distinct soit donné dans les lycées de jeunes filles. » *Ibid.*, p. 111. Sans être Chrysale, on peut bien trouver que de telles questions sont au moins prématurées dans un lycée de jeunes filles.

tion de développer, sinon de créer. L'enseignement universitaire actuel, les *humanités* surtout, y suffisent, je crois, sans l'encombrement d'un dogme fragile et rébarbatif. L'essentiel est que le fruit n'en soit pas étouffé par les exemples et les conseils utilitaristes à l'excès de la famille. On fera bien aussi de le vivifier par des leçons de choses, je veux parler de cette initiation aux œuvres d'assistance, de ces visites hospitalières, de toutes ces pratiques accessibles au jeune âge, qui sont comme l'entraînement à la charité.

« On enseignera aussi la République. » — D'accord, puisque la République est le gouvernement que la France s'est donné. Mais il y a la manière.

Prononcerons-nous formellement devant nos élèves que la République est la forme idéale de gouvernement, et leur ferons-nous une obligation d'être républicains? De quel droit? Nos élèves appartiennent à des familles très divisées d'opinions. Le dogmatisme politique, sous le régime de la liberté d'enseignement, serait une maladresse ; sous le régime du monopole, une épouvantable tyrannie (1).

Et puis quelle République enseignerions-nous? rose, rouge, ou incolore? Je passe les combinaisons, qui sont infinies. Qui sera chargé de formuler la définition orthodoxe de la République? Le ministère d'aujourd'hui? ou celui de demain? Ils se suivent quelquefois de très près. A quelle autorité s'en remettre, dans un pays où on est toujours le « réactionnaire » de quelqu'un?

Méfions-nous aussi de l'avenir. Il est des

____

(1) M. Louis Havet : « Celui en effet qui, dans l'enfant, entend préparer l'homme futur... se gardera bien de lui imposer sa solution personnelle. Il ne lui dira ni *tu seras socialiste*, ni *tu ne le seras pas*. Il ne lui dira pas même *tu seras républicain*, sous prétexte que nous sommes, en fait, en république. Car ce ne serait pas agir laïquement. » *Conférence de Tours*, déjà citée.

précédents fâcheux. Notre plaisir de crier au lycée Vive la République! ne sera-t-il pas empoisonné de la crainte qu'un jour on ne nous fasse crier Vive l'Empereur? Ne vous récriez pas, cela s'est vu.

Oh! combien il est plus loyal et plus sûr d'enseigner, non pas tant la *lettre* de la République que son *esprit*, les principes sur lesquels repose tout gouvernement républicain (1). Nous sommes ici sur un terrain commun, solide, permanent, nous n'aurons besoin pour y amener nos élèves ni d'arbitraire ni de violence. Car ces principes s'appellent la liberté civile et politique, l'égalité des droits, la fraternité, la tolérance, principes si unanimement reconnus aujourd'hui qu'une restauration monarchique elle-même serait obligée de composer avec eux.

Il est vrai que si c'est cela l'éducation

____

(1) La même opinion a été soutenue par M. Alfred Fouillée dans un article de la *Revue bleue, la Morale et l'instruction civique au lycée,* 12 avril 1902.

civique, il y a beau temps que, plus ou moins explicitement, nous la donnons (1).

*
* *

On invoque à grand fracas la *Déclaration des droits de l'homme et du citoyen*. Comme on l'a fait afficher dans les écoles primaires, on demande qu'elle le soit dans les lycées. On émet le vœu qu'elle serve de texte de lecture dans les classes enfantines, de texte de leçons dans les classes moyennes et d'explication dans les hautes classes (2). Que sais-je encore?

(1) M. Albert Malet : « L'instruction secondaire telle que l'Université s'honore de la donner, et de l'avoir déjà donnée, constitue le plus puissant et le plus certain des moyens d'éducation civique. » *Rapport général*, p. 83.

(2) M. Clairin, professeur au lycée Louis-le-Grand, président de la commission : « Les hommes de la Révolution n'ont pas intitulé leur œuvre : *Déclaration des droits de l'enfant et de l'écolier*, et ils seraient bien surpris eux-mêmes de voir l'abus qu'on fait de leurs principes. Au tableau de la Déclaration des droits, dans les classes élémentaires, il conviendrait de faire correspondre un tableau des *Devoirs de l'enfant et de l'écolier*. » *Rap. gén.*, p. 75. J'aurais, quant à moi, non seulement adopté le vœu de

J'envisage paisiblement ces redoutables éventualités. Pour un document de cette importance, je crois bien que les professeurs d'histoire et ceux de philosophie passaient, jusqu'ici, un peu rapidement.

La *Déclaration* est une des trois ou quatre dates les plus considérables de l'histoire de France. Elle marque le tournant de la période contemporaine. La Révolution a eu beaucoup de gestes, héroïques ou féroces : la *Déclaration* a été sa grande pensée. Née d'une longue gestation philosophique, elle fut la Charte de l'avenir; on y inscrivit solennellement toutes les revendications civiles et politiques du

M. Clairin, mais proposé son extension aux classes supérieures. Mais le Congrès n'a pas été de l'avis du président. M. Rabaud, professeur au lycée Charlemagne : « On proteste qu'il faut apprendre aux enfants leurs devoirs et non leurs droits; c'est là un cliché. Le devoir est la conséquence du droit; connaître ses droits, c'est connaître et respecter ceux des autres. » Et M. Rabaud a trouvé en faveur de son opinion une autorité chez M. Lavisse! « C'est donc leurs droits qu'il s'agit de leur enseigner; ils sauront alors leurs devoirs, » ainsi que l'a dit M. Lavisse. » (Lettre au *Manuel* général, 1898, n° 8). *Rapport général*, p. 106.

Français éclairé à cette époque : la liberté individuelle, la liberté de conscience, la liberté de la presse, l'égalité devant la loi, l'inviolabilité du domicile, la liberté de la propriété, le libre vote de l'impôt, et d'autres encore.

Elle a prouvé tout le long du XIXe siècle sa vitalité par les réformes dont elle a été la source. A la *Déclaration* remontent logiquement l'institution du suffrage universel, l'extension indéfinie de la propriété, l'abolition de l'esclavage, la diffusion de l'instruction et les progrès incessants de toutes les libertés.

Sa vertu n'est pas épuisée encore aujourd'hui. La pente de la liberté et de l'égalité est, semble-t-il, sans fin. Qu'il s'agisse du régime représentatif, judiciaire, fiscal, ou foncier, beaucoup de lois restent à préparer, si l'on veut se conformer à l'esprit de la *Déclaration*.

J'ajoute que sa valeur intrinsèque et morale n'est pas inférieure à son importance historique. L'autorité des principes de la *Déclaration* est si décisive que personne n'oserait plus, radicalement et en bloc, les rejeter. J'attends le Français sérieusement disposé à renoncer à la liberté individuelle, à la liberté de conscience, à l'égalité judiciaire, à l'égalité devant les emplois publics et devant l'impôt. Successivement on a vu presque tous les gouvernements, même monarchiques, s'approprier les principes proclamés chez nous en 1789.

Je suis donc porté à approuver qu'on exige des professeurs d'histoire et de ceux de philosophie, en même temps que l'explication de nos institutions nationales, une halte plus longue devant un pareil monument, et qu'on les invite officiellement à en faire comprendre à leurs élèves, d'une manière plus appuyée que par le passé, les origines, la portée et la valeur.

Malheureusement on ne s'en tient pas là. D'un article de programme on veut faire un article de foi (1). Il ne s'agit plus d'un point d'histoire à comprendre et à expliquer, c'est un texte sacré qu'on parle d'imposer à notre muette adoration. Les mots de catéchisme national, d'évangile politique, de décalogue, sont employés couramment avec ceux de respect religieux et de dévotion à propos de la *Déclaration*, et non seulement à la tribune et dans la presse, mais dans des écrits graves de personnages graves de l'Université (2).

Je ne prétends pas qu'on se tienne vis-à-vis de la *Déclaration* dans la même disposition

(1) C'est bien ainsi que, sans l'avoir dit expressément, la majorité du Congrès semble avoir envisagé la Déclaration. La preuve, c'est le rejet de l'addition suivante, « et les déclarations, chartes et constitutions qui se sont succédé au dix-neuvième siècle, » proposée au titre : « la Déclaration de 1789, » par M. Boudhors, professeur au lycée Henri IV. Cette addition tendait à remettre la Déclaration de 1789 à sa place, à sa place historique.

(2) Voyez, par exemple, la *Déclaration des droits de l'homme et du citoyen*, commentaire par M. Blum, professeur au lycée de Montpellier, préface de M. G. Compayré, recteur de l'Académie de Lyon. Cet ouvrage, d'ailleurs intéressant et bien fait, ne descend guère du ton de l'enthousiasme,

d'esprit que vis-à-vis des *Douze Tables* ou de la loi des Francs ripuaires : la *Déclaration* est de chez nous, et elle règne actuellement. Je dis seulement qu'elle est justiciable de notre critique ni plus ni moins que toutes les autres institutions de la France. Sinon, ce n'est pas seulement MM. Paul Bourget et Charles Maurras qu'on refuserait d'entendre, c'est Taine, c'est Renan, universitaires peu suspects, qui eussent été privés du droit de formuler dans un lycée leurs sévères appréciations. Ou notre prétendu affranchissement n'a été qu'un simple déplacement de superstition, ou nous ne nous sommes pas émancipés de la Genèse pour retrouver un credo dans la *Déclaration*. Dogmatisons sur le devoir moral et sur le devoir patriotique, parce que ce sont les deux fondements de toute éducation, les deux points fixes et, si j'ose dire, les deux crans de sûreté de notre conscience privée et de notre conscience civique : tout autre dogmatisme n'est ni nécessaire ni souhaitable.

*
* *

Après tout, il y a des précédents. — Joseph de Maistre ? — Non, je fais allusion exclusivement aux critiques formulées contre la *Déclaration* par ceux-là mêmes qui y collaborèrent, par les hommes de la Révolution (1). Ils y remirent la main au moins trois fois : en 1789, en 1793 et l'an III : on ne retouche pas la perfection. Sans sortir de la rédaction de 1789, Ducos disait qu'elle contenait plusieurs faux principes, Robespierre, qu'elle altérait la Constitution ; Daunou, qu'elle était royaliste. On ne peut pourtant pas nous demander d'être plus « Révolution » que ne l'étaient Ducos, Robespierre et Daunou.

On ne fait pas tort, selon moi, à la Déclaration française en rappelant son origine

____

(1) Voir la *Déclaration des droits de l'homme et du citoyen*, recueil de textes officiels et de commentaires appropriés, publié chez Hachette, 1901, 103 pages.

étrangère. L'esprit souffle où il peut. Mais si la question est de savoir pourquoi l'Amérique n'a jamais eu à se plaindre des conséquences révolutionnaires de cette Déclaration qui en a tant porté en France, je suis bien obligé d'aller en chercher la raison où elle se trouve, où l'a trouvée Taine après Mirabeau, dans l'adoption prématurée d'institutions qui n'avaient pas été faites pour nous, dans l'inadaptation du régime social et politique existant en France en 1789 avec ces institutions. Au lieu qu'en Amérique les déclarations de 1776 ne faisaient qu'exprimer des droits déjà possédés en fait, — si bien qu'on négligea ensuite de les formuler en tête de la Constitution, — en France, la *Déclaration* de 1789 décrétait ce que nos pères n'avaient pas encore, elle improvisait, et par conséquent elle ne pouvait devenir, tout de suite et pour longtemps, qu'un agent de destruction. Évolution outre mer : ici, révolution.

Je ne puis pas davantage nier que la *Décla-*

ration soit datée, et qu'elle date. Rédigée en 1789 par les mécontents de l'ancien régime, elle a enregistré toutes les revendications dont les hommes de cette époque sentaient réellement le besoin : l'affranchissement de l'individu, l'égalité devant la justice et devant l'impôt, la sécurité des personnes et des biens. Mais il y a d'autres droits que ceux-là, dont nous n'avons pris conscience qu'au courant du siècle passé, et dont la méconnaissance ne nous serait pas aujourd'hui moins pénible qu'a pu l'être à nos pères de 1789 celle des droits qu'ils réclamaient : le droit à l'assistance, le droit à l'instruction, le droit de l'enfant et de la femme. Les membres du congrès ont dû convenir qu'on ne découvrait aucune allusion à ces droits dans la *Déclaration* de 1789.

La *Déclaration*, comme toute la Révolution française, est essentiellement individualiste. Elle a été posée en opposition à un régime de protection excessive, dont on ne voulait plus.

Comme toutes les réactions, celle-ci dépassa la limite. Sous prétexte de libérer l'individu de tutelles oppressives, elle l'isola, elle l'affaiblit de toutes les ressources que l'homme puise dans l'association. Faudra-t-il cacher aux jeunes gens ces fâcheuses conséquences des « dogmes de 89 » ? Faudra-t-il leur taire les efforts inouïs dépensés par les ouvriers depuis cinquante ans pour retrouver sous un autre nom ce qu'il y avait d'utile dans les anciennes corporations? Et d'une manière générale n'avons-nous pas à restaurer en face de l'individu l'idée de l'État?

Que la *Déclaration* ait été rédigée par des hommes, on ne le voit que trop aux défaillances de l'expression et à un certain égoïsme des sentiments.

Si un élève, moins passif que les autres, nous demande pourquoi nos pères se sont arrêtés à ce chiffre de quatre droits plutôt qu'à trois ou cinq, et pourquoi ils nous ont prudemment laissé le soin de les définir;

comment ils conciliaient ce caractère de
« crime » qu'ils attribuaient à la résistance
à la loi — laquelle peut, cela s'est vu, être
oppressive — avec le « droit naturel et
imprescriptible » qu'ils reconnaissaient à
l'homme de résister à l'oppression ; à quoi ils
jugeaient que la manifestation d'une opinion
religieuse « trouble l'ordre public » ; si leur
définition « la garantie des droits de l'homme
et du citoyen nécessite une force publique »
impliquait ou non dans leur pensée la suppression des guerres de conquête ; et si par la
répartition de l'impôt entre tous les citoyens
« en raison de leurs facultés » ils entendaient
l'impôt proportionnel ou l'impôt progressif,
— me sera-t-il enjoint de blâmer dans cet
élève l'exercice d'une qualité que nous nous
félicitons par ailleurs de développer, la précision de l'esprit ? Faudra-t-il à tout prix justi-
fier la rédaction de ces articles, au lieu d'en
excuser l'indécision comme il convient, par
les bornes naturelles de l'esprit humain, et

par les conditions défavorables dans lesquelles Taine nous a raconté que cet acte important fut délibéré et voté?

De même, on ne saurait raisonnablement exiger que nous vantions « le grand souffle de générosité qui circule dans la *Déclaration* ». Après la liberté, il n'y est guère question que de la propriété : de la fraternité, pas un mot. Et où en chercherons-nous l'explication sinon où elle est réellement, dans le caractère essentiellement *bourgeois* de la Révolution française? Dans la transformation de l'état social accomplie en 1789, la bourgeoisie, consciente de ses capacités et de sa fortune, n'a rien vu que la conquête des libertés qui feraient d'elle l'égale de la noblesse, et la consécration définitive de son droit de propriété. L'idée que les paysans et les ouvriers constituaient aussi une classe, non moins intéressante que le tiers, et en général l'idée de la solidarité sociale, ne lui est venue qu'au courant du

siècle suivant, depuis que les paysans et les
ouvriers ont pris les bons moyens de s'imposer
à son attention.

*
* *

Comme on le voit, je suis loin d'opposer à
l'introduction dans les programmes universitaires de la *Déclaration des droits* la question
préalable. Seulement l'extase pas plus que la
rage n'étant une attitude scientifique, je
demande que la liberté de notre critique soit
réservée sur un document.

Voici enfin ma dernière observation. Les
partis politiques qui se réclament de la *Déclaration* ont une façon d'en parler absolument
contradictoire à la vérité historique. Ils l'agi-
tent aux yeux de leurs adversaires comme
une torche de discorde, comme un étendard
de guerre civile. Elle ne le fut pas tant que
cela à l'origine. Et je ne voudrais pas que les
professeurs, cédant à l'ambiance, se crussent
obligés, eux aussi, de prendre en traitant de

ce document les mêmes airs furieux et les mêmes gestes de défi.

La *Déclaration* a été si peu une pierre de scandale qu'elle fut préparée en collaboration par les trois ordres de la nation : clergé, noblesse et tiers état. Les articles ont été généralement votés à une immense majorité, et ceux qui ont voté contre ont été tout autant des membres du tiers que des ordres privilégiés. Enfin le roi Louis XVI, malgré des objections de principe, l'a acceptée et contresignée le 5 octobre 1789. Voilà la vérité, que chacun peut contrôler sur les documents contemporains.

Il y a mieux. Les articles les plus « avancés », et encore aujourd'hui les plus brûlants, ceux qui contredisaient le plus violemment l'ancien régime, sont ceux précisément qui ont eu pour auteurs des privilégiés. L'article VI, sur l'égalité devant la loi et dans l'admission aux emplois publics, fut proposé par le comte de Talleyrand, évêque d'Autun ;

l'article X, sur la liberté de conscience, par le comte de Castellane, et l'article XI, sur la liberté de la presse, par le duc de La Rochefoucauld (1).

(1) Voici un extrait du rapport lu, au nom du comité chargé de la rédaction, par M. Champion de Cicé, archevêque de Bordeaux, à l'Assemblée nationale, le 27 juillet 1789. On dira, après l'avoir lu, si, dans la séance où a été décidé l'affichage de la Déclaration dans les écoles primaires (mai 1901), aucun de nos députés a parlé de cette œuvre sur un ton plus pénétré que le prélat d'ancien régime : « Et d'abord nous avons jugé, d'après vous, que la constitution devait être précédée d'une Déclaration des droits de l'homme et du citoyen : non que cette exposition pût avoir pour objet d'imprimer à ces vérités premières une force qu'elles tiennent de la nature, qui les a déposées dans tous les cœurs auprès du germe de la vie, qui les a rendues inséparables de l'essence et du caractère d'homme; mais c'est à ces titres mêmes que vous avez voulu que ces principes ineffaçables fussent sans cesse présents à nos yeux et à notre pensée...

« Cette noble idée, conçue dans un autre hémisphère, devait de préférence se transplanter d'abord parmi nous. Nous avons concouru aux événements qui ont rendu à l'Amérique septentrionale sa liberté : elle nous montre sur quels principes nous devons appuyer la conservation de la nôtre; et c'est le Nouveau-Monde, où nous n'avions autrefois apporté que des fers, qui nous apprend aujourd'hui à nous garantir du malheur d'en porter nous-mêmes... »

Quand donc en finirons-nous avec cette manie jacobine de vouloir à tout prix transformer l'amour en haine, et en monuments de discorde les témoignages les plus irrécusables de réconciliation?

V

LA FORMATION PÉDAGOGIQUE

Offrir une éducation morale suppose qu'on a : 1° un fonds commun d'idées morales; 2° un personnel formé pour les communiquer.

Avons-nous un idéal commun? Résumons ce qui fait l'objet des précédents chapitres. Au point de vue moral, le spiritualisme en constituera la base, un spiritualisme sincère et très large, avec les grandes vérités nécessaires : Dieu, l'âme, la liberté.

C'est lui qui sera la substance et la plus solide garantie des quatre principes fondamentaux que j'ai posés ailleurs comme les assises de l'éducation universitaire : la loi morale, l'esprit d'initiative, le sentiment de la solidarité sociale et l'amour de la patrie (1).

Loin que mon intention ait été de supplanter les religions positives, j'ai souhaité leur concours. Je crois aujourd'hui comme alors qu'il n'est rien de tel pour consolider la loi morale, pour élever les âmes et pour leur inculquer une notion grave de la vie. Et c'est là mon premier dogmatisme.

Le second, c'est la nécessité d'une éducation strictement nationale et française, fondée sur une connaissance plus continue et plus positive de l'histoire de notre pays. Nous ne rougirons pas comme d'une faute de goût de prononcer avec sentiment le mot *patriotisme*. Nous ne considérerons pas comme un retour à la barbarie de nourrir quelque parti pris pour la communauté dont nous sommes. Nous serons nous, par nous et pour nous d'abord, — pour l'humanité ensuite.

Tout cela est clair, et j'ajoute indispen-

(1) Voir notre *Éducation morale au lycée*, 2ª édition, p. 11-124.

sable. Il est indispensable à un système d'éducation qu'il ait un principe d'unité et d'action, une âme, celle que je souhaite (ou une autre, si on le peut ou si on l'ose). Nous n'avancerions rien à réformer seulement par le dehors.

Je me suis servi à dessein du mot dogmatisme, d'abord parce qu'il est le mot propre, et puis pour rappeler une fois de plus que tous les spectres qu'on pourrait agiter, de doctrine d'État, de pédagogie d'État, de dictature pédagogique, que sais-je encore? ne sont pas pour m'impressionner. Autant je m'estimerais déplacé et rétrograde de vouloir imposer n'importe quelle opinion à n'importe qui dans la société, autant je suis fermement persuadé de l'impossibilité où nous sommes au lycée, avec des jeunes gens, de nous maintenir dans la liberté absolue (1). Les jeunes

(1) Contrairement à l'opinion suivante : « Le professeur de philosophie, plus que tout autre peut-être, et à cause des questions mêmes qu'il traite, et aussi parce qu'il doit avant tout s'attacher à former de libres esprits, a besoin de jouir d'une large indépendance dans les limites des pro-

gens eux-mêmes y répugnent, ils aiment que leurs maîtres se prononcent. Oui, il y a un dogmatisme minimum, en dehors duquel notre parole serait inutile ou même dange-reuse; un dogmatisme minimum, en dehors duquel il est chimérique de rêver d'unité morale pour la nation. C'est le dogmatisme moral et le dogmatisme patriotique.

Ils ont l'un et l'autre un triple avantage. Si la raison raisonnante peut servir à les dis-soudre, ils partagent ce triste sort avec tous les concepts sans exception. Cela m'émeut donc médiocrement. Je sais d'ailleurs que la même raison, à mon appel, leur fournira des motifs de crédibilité très appréciables. J'ob-serve en même temps que ce sont les croyances le plus éprouvées par le temps, et sur lesquelles je ne dis pas seulement les reli-

grammes et d'une complète liberté de doctrine : c'est son premier droit, étant son premier devoir, sa raison d'être et l'essence même de ses fonctions. » M. MALAPERT, *l'Éduca-tion morale dans l'Université*, p. 205.

gions, mais les philosophies de tous les âges et de tous les pays sont le moins divergentes.

Puis ce sont deux dogmatismes bienfaisants. Taine a établi que le christianisme était la « grande paire d'ailes » seule capable de soulever l'humanité au-dessus d'elle-même, de son égoïsme et de ses instincts, et que chaque fois qu'on a voulu les paralyser ou les casser, l'humanité était retombée dans l'esclavage des intérêts grossis et dans la fange des sens. A la patrie également nous devons, contre très peu d'abus, un nombre considérable de services. C'est elle qui nous garantit l'indépendance et par suite la dignité du caractère, qui inspire le courage de tenter de grandes entreprises. Au dedans elle protège la famille, l'éducation, la propriété, le travail, la sécurité, la bienfaisance, la liberté. Elle suscite au cœur un mouvement d'affections désintéressées qui nous relèvent au-dessus de notre égoïsme habituel.

Enfin je n'ai pas besoin d'improviser ces

deux dogmatismes dans l'esprit de mes élèves : ils y sont déjà installés. Tandis qu'en cherchant à les ébranler je risquerais d'expulser ces pauvres enfants de croyances certaines pour les jeter dans l'indigence morale la plus absolue, en les corroborant, c'est sur eux-mêmes que je m'appuie pour agir sur eux ; je m'harmonise avec leurs parents, avec la société qui les entoure, j'achève l'identité de l'éducation et de la vie.

Si nous étions tous bien pénétrés de ces avantages, ce n'est pas l'épouvantail des mots qui serait capable de nous détourner du bon chemin.

Il s'agit maintenant de savoir si l'Université s'est préparé un personnel d'éducateurs conscients comme nous le voudrions de leur mission, et dans le cas où elle l'aurait négligé, de rechercher quels moyens nous paraissent les meilleurs pour assurer à l'avenir cette préparation.

La préparation pédagogique se compose de deux parties : l'initiation au métier, aux meilleures méthodes, et la culture morale. De la première je ne nie pas plus l'importance que le discrédit dont elle a été frappée jusqu'ici ; il est certain que le métier de professeur s'apprend, comme tous les métiers, et qu'on doit applaudir à toutes les sages mesures qui seront prises pour faire des professeurs d'excellents professionnels (1). Mais c'est principalement de la seconde que je m'occupe en ce moment, des idées directrices de l'enseignement, des principes universels, et en quelque sorte de la philosophie du métier. C'est ce que je prie qu'on ne perde pas de vue.

(1) On lira là-dessus avec le plus vif intérêt le récent ouvrage de Mlle M. Ducard, *De la formation des maîtres de l'enseignement secondaire à l'étranger et en France* (A. Colin, 1902). C'est le meilleur exposé de l'état actuel de la question, une enquête raisonnée, poursuivie auprès des maîtres les plus compéten · de la France et de l'étranger.

*
* *

En toutes choses il faut être franc. Où est la garantie que nos maîtres doivent faire de bons éducateurs. Leur éducation personnelle? Elle n'est pas toujours irréprochable (1).

Je ne me fie pas davantage à leur vocation pédagogique. Une vocation décidée est au moins aussi rare dans l'enseignement que dans les autres carrières. « La chose la plus importante à toute la vie, a dit Pascal, est le choix du métier : le hasard en dispose. » Le hasard, c'est ici les circonstances. La carrière universitaire est de toutes, je le dis à son éloge, celle qui procure le plus vite une situation matérielle convenable, et qui permet à

(1) M. A. Leroy-Beaulieu, de l'Institut : « Les professeurs et les maîtres d'étude offrent toutes garanties au point de vue de l'enseignement et de l'instruction, mais peut-être n'en offrent-ils pas toujours autant au point de vue de l'éducation. » *Enquête*, t. I, p. 150.

l'intelligence et au travail de triompher le plus sûrement des inégalités sociales. Voilà pourquoi elle plaît tant aux déshérités de la naissance et de la fortune. En outre beaucoup de jeunes gens, des normaliens surtout, considèrent le lycée comme un lieu de passage, ennuyeux mais nécessaire, pour arriver à une chaire de faculté : « Si j'ai pris le métier de professeur, disait Taine, c'est parce que j'ai cru qu'il était la voie la plus sûre pour devenir un savant. » Mais on voit à quoi se réduit la vocation (1).

(1) M. PERROT, directeur de l'École normale supérieure. — « De mon temps, je puis le dire, puisque je parle ici en toute sincérité, on recherchait l'École beaucoup parce qu'elle assurait pendant trois ans la nourriture et le logement. C'était autant de gagné pour les familles : celles-ci étaient en général peu aisées. Aujourd'hui nous recrutons encore nos candidats dans les couches profondes de la démocratie ouvrière ou rurale. Nous recevons des fils d'ouvriers, de paysans, surtout des fils d'instituteurs, qui nous arrivent après avoir pu faire, grâce aux secours des municipalités et de l'État, eurs études dans les collèges, puis dans le lycée du département, pour les terminer dans les lycées de Paris. Mais depuis 1870 surtout, nous voyons aussi arriver

Si du moins à ces lacunes suppléait une préparation pédagogique quelconque !... Mais non, on exerce le futur pédagogue à tout, sauf à la pédagogie. On sera sévère aux examens sur ses barbarismes et ses solécismes grammaticaux, mais quant à ceux qu'il risque de commettre en éducation, qui s'en préoccupe? Quelle idée il se fait de sa future mission, quel fonds moral la famille et la vie ont déposé en lui, vers quel idéal il se propose d'entraîner les jeunes gens qui lui seront confiés, bagatelle. L'essentiel semble être que ce pétrisseur d'âmes ne bronche pas sur la règle des « enclitiques ».

Voilà comment il arrive qu'il y ait des maîtres universitaires qui paraissent si étrangers à l'art d'élever la jeunesse, et pourquoi, quand ils s'entendent faire ce reproche, plus

nombre de jeunes gens non seulement aisés, mais riches...
M. LE PRÉSIDENT. — Deviennent-ils des professeurs de lycée?
M. PERROT. — Il y en a. » *Enquête*, t. I, p. 139.

d'un se demande sérieusement en quoi cet art peut bien consister.

Il était temps de changer cela. Mais il convient aussi que le moyen employé s'accorde tout à la fois avec l'organisation actuelle de l'Université et avec son esprit, et qu'il n'équivaille pas à la détruire ou seulement à la défigurer. Autant dire qu'il ne sera celui ni de M. Demolins, qui n'admet dans son collège aucun surveillant et très peu de professeurs, ni de M. Gabriel Monod, qui a exprimé l'idée singulière de substituer à nos répétiteurs laïques des ecclésiastiques.

Une amélioration souhaitable sous un certain rapport serait déjà l'entrée en plus grand nombre dans l'Université des fils des classes supérieures de la société. Chaque catégorie sociale a, mêlées à ses défauts, des qualités propres. Les fils de la démocratie ouvrière ou rurale, nous possédons sous l'aiguillon de la nécessité l'initiative hardie, l'énergie laborieuse. Les classes élevées, à côté de faiblesses qui leur sont spéciales, ont, comme disait Renan, des « supériorités naturelles » qu'on trouve moins ailleurs, et dont se ressent avantageusement le milieu où elles pénètrent : la distinction des manières, une certaine élévation des sentiments, la délicatesse habituelle des procédés, le savoir-vivre, enfin tout un affinement dû à une longue culture héréditaire (1).

Quel moyen employer pour les attirer à nous? Je n'en vois pas d'autres que de rendre la condition du professeur de lycée encore plus enviable, et surtout de marquer qu'on apprécie les qualités de ces classes-là, en leur faisant une part à côté de la valeur intellectuelle dans le jugement qu'on porte sur le professeur. Au surplus je dirai que si les maîtres venus de rangs sociaux moins favo-

_____

(1) Sur cette question délicate, on lira avec intérêt M. Gustave Le Bon, *Psychologie de l'Éducation*, p. 76-80. L'auteur est très prévenu contre l'Université, mais au milieu de ses duretés se glissent quelques vérités incontestables.

risés gagneraient au contact de collègues qui n'auraient brûlé aucune « Étape », c'est aussi dans leur propre intérêt qu'on ne saurait trop engager les classes supérieures à ne pas dédaigner l'enseignement : il y va de leur influence sur la direction des idées et des mœurs. Une catégorie de citoyens qui monopolise une carrière a vite fait d'elle son bien personnel. On s'en indignait naguère à propos de la carrière diplomatique : n'observe-t-on pas un phénomène analogue dans l'Université? L'entrée de tous les Français, sans aucune distinction pas plus sociale que politique ou religieuse, serait le moyen le plus sûr de la nationaliser tout à fait en la relevant.

Mais passons, et arrivons à l'essentiel.

L'essentiel, l'indispensable est que les futurs maîtres trouvent, au lycée quand ils sont encore élèves, et plus tard à l'École normale ou aux Facultés, une formation appropriée aux devoirs qui les attendent, une formation *pédagogique* puisqu'enfin c'est des *pédagogues* qu'ils veulent devenir. C'est là une de ces vérités que le souvenir de M. de La Palisse ferait honte d'exprimer, si on ne voyait trop combien on l'avait jusqu'ici négligée.

Du temps du lycée, je n'en dirai rien pour ne pas me répéter. Mais une fois bachelier et entré à l'École normale ou à la Faculté, à qui l'apprenti éducateur a-t-il affaire? Si c'est un « scientifique », à des professeurs de sciences, mathématiques, physiques, naturelles; si c'est un « littéraire », à des professeurs de grec, de latin, de français, d'histoire et de géographie. Le voilà donc en situation, pourvu qu'il soit doué et laborieux, de devenir un maître lui-même dans la spécialité qu'il aura choisie, un mathématicien, un physicien, un helléniste, un géographe : mais un pédagogue? Quelle plaisanterie! Ayons la bonne foi de reconnaître que la préparation que ces jeunes gens auront reçue à leur future mission n'aura été que partielle, et puisqu'on ne cesse de répéter dans les sphères officielles comme ailleurs que de cette mission c'est l'éducation qui est la partie la plus importante, il suit que c'est justement le principal qui a été omis.

C'est l'opposé chez les maîtres ecclésiastiques. Les licenciés, les agrégés et les docteurs n'y manquent pas, mais c'est encore l'exception. En général ils sont des surveillants ou des professeurs improvisés. En revanche, l'entraînement particulier qu'ils subissent en vue de l'apostolat sacerdotal les prépare admirablement au métier d'éducateurs. Les pensées élevées sur lesquelles on les tient attachés, les sentiments de dévouement et de sacrifice dont on les pénètre, les leçons de psychologie pratique et de direction spirituelle qu'on leur enseigne, tout cela constitue des ressources pédagogiques de premier ordre, utilisables dès leur entrée en fonctions.

C'est dans ce sens que je voudrais voir nos jeunes maîtres recevoir eux-mêmes une éducation préalable. Il ne s'agit pas, bien entendu, d'une éducation cléricale, dont je serais le premier à me défier. Mon vœu se borne à demander qu'on appelle leur attention sur le côté moral de leur mission, qu'on leur en fasse sentir l'importance, afin qu'ils ne se prennent plus seulement pour des vulgarisateurs des connaissances humaines, mais pour des modèles de vie et des formateurs de caractères. L'éducation se fait un peu par l'esprit, mais si peu! La formation de la conscience, voilà toute l'éducation; et dans la conscience le cœur se trouve intéressé autant que la raison. Pour s'adresser à elle avec succès, il faut une autorité morale, dans laquelle la supériorité intellectuelle n'entre pas pour rien, mais qui est faite surtout d'idées élevées, de mœurs irréprochables et d'un dévouement sans bornes. On se donne moins les mœurs et le dévouement : c'est la part de la vocation. Mais on peut acquérir les idées et la méthode pour les communiquer : c'est où je veux en venir.

Créons donc à l'École normale et dans chaque faculté un enseignement pédagogique commun aux « scientifiques » et « aux littéraires » qui se destinent à la carrière universitaire, commun aux futurs surveillants et aux futurs professeurs, une chaire de science de l'éducation ou de pédagogie. Cet enseignement ne prendra pas aux candidats une année de plus ; il sera donné concurremment avec les autres. On trouvera sans peine dans la suppression de telle chaire de luxe le moyen de doter celle-là sans grever sensiblement le budget. Le principal, dans toute administration bien réglée, doit passer avant l'accessoire. Au lieu de tant de conférences facultatives suivies par deux ou trois rares auditeurs, on en aura une obligatoire, qui réunira tous les étudiants d'une Université candidats à l'enseignement. Ce n'est pas du professeur qui en sera chargé qu'on pourra murmurer qu'il a une sinécure.

En quoi donc consistera cet enseignement?

Je l'ai dit ailleurs, il n'y a pas, selon moi, à proprement parler, de science de l'éducation. C'est surtout affaire de goût, de tact et de bonté unie à de l'autorité. Néanmoins, depuis qu'il y a des hommes qui s'occupent de l'éducation de la jeunesse, beaucoup de systèmes ont été proposés, dont l'expérience a montré le fort et le faible, et qu'il y aurait certainement profit à connaître. Puis, quand c'est un grand corps tel que l'Université qui la dispense, il est inévitable que l'éducation ait un air qui la distingue de celle qu'on reçoit ailleurs, et qu'elle obéisse à des idées directrices qui s'imposent à tous ceux qui en font partie. Enfin, quelque part qu'on fasse aux qualités naturelles des individus, on peut bien dégager à leur usage quelques conseils généraux précieux à méditer. Et voilà quelle sera précisément la matière d'un enseignement pédagogique.

Entrons dans le détail, et distinguons dans cet enseignement trois parts : une historique, une théorique et une pratique.

Des trois cours que j'organiserais par semaine, le premier serait naturellement consacré à l'histoire de l'éducation, et j'en conformerais le plan à celui de l'excellent ouvrage de M. Compayré qui porte ce titre. Le professeur passerait en revue, en les critiquant, les diverses méthodes d'éducation proposées depuis les origines jusqu'à nos jours, sans distinction de pays ni de temps; il montrerait ce qui en est resté au crible de l'expérience de pratique et d'utilisable. L'objet de ce cours, son importance, son intérêt, sont trop faciles à comprendre pour que je ne me dispense pas d'appuyer. Au reste, il est déjà ébauché dans certaines Facultés.

Le cours théorique comprendrait le système d'éducation morale propre à l'Université et tel que j'ai essayé ici même et ailleurs de le définir. Nous ne nous laisserons pas arrêter par la contradiction qu'il semble y avoir à vouloir faire une place, à côté d'enseignements libres de leur esprit et de leurs doctrines, à un nouveau qui ne le serait pas. La liberté de tous les professeurs, dans une Faculté, n'est pas égale, et elle ne peut pas l'être. Si je ne vois pas quelles bornes on imposerait raisonnablement à ceux qui enseignent les mathématiques, le grec ou la prosodie latine, je n'en dirai pas autant, par exemple, de l'historien. Est-il un État qui permettrait à ce professeur des tendances anti-nationales, s'appuyât-il sur des documents de la plus absolue authenticité? De même pour le professeur d'éducation. S'il était entendu une bonne fois que la pédagogie universitaire est en morale spiritualiste, et en histoire strictement nationale, personne ne serait autrement étonné que la formation des futurs maîtres de l'enseignement secondaire fût dirigée dans ce sens, et dans celui-là seulement.

Au surplus n'exagérons rien, il ne s'agit ni de façonner artificiellement, comme d'aucuns osent le proposer, des jeunes doctrinaires étroits et jaloux, claquemurés dans une formule comme les jésuites ou les dominicains le peuvent être dans leurs ordres respectifs, ni de changer le tempérament national de nos enfants, comme certains semblent le souhaiter, mais de développer et d'affermir en eux les qualités naturelles de la race; d'en faire, dans la vie privée, des hommes initiatifs, hardis, laborieux, amis des entreprises libres, agriculture, industrie, commerce, au lieu des fonctions bureaucratiques; ouverts à toutes les choses grandes et belles, à l'héroïsme ou à l'art, armés d'une volonté inébranlable de dire le vrai et de faire le bien, fortement ancrés dans les croyances spiritualistes puisées au sein de la famille et qui actionnent la masse de la nation; dans la vie publique, des citoyens également attachés à l'ordre et à la liberté, respectueux des opinions et des croyances des autres, conscients de leur devoir de justice sociale, épris de la grandeur et de la richesse de leur pays, ayant le sens du passé de leur race et de son avenir, orientés au progrès et aux transformations nécessaires, mais toujours dans le sens de la tradition nationale. Voilà l'idéal qui doit servir de moteur et de régulateur de la vie universitaire à tous les degrés de l'enseignement primaire et secondaire; nous devons l'avoir sans cesse devant les yeux comme le principe du relèvement moral de la nation.

On nous reproche avec raison de ne pas marquer nos élèves d'une empreinte morale assez profonde. De peur d'éveiller des susceptibilités d'ailleurs contradictoires, nous laissons échapper de nos mains des caractères sans couleur et sans relief, que la vie fait muer ensuite sans résistance en indifférents, en sceptiques et en jouisseurs. C'est au professeur dont je parle qu'il appartiendra de graver, par un dogmatisme souriant mais sans faiblesse, dans l'esprit et dans le cœur de ses auditeurs, un type uniforme dans le principe, varié dans les manifestations, que ceux-ci iront ensuite répandre à travers les lycées et les collèges du pays tout entier.

C'est un préjugé soigneusement entretenu par les professeurs de philosophie et dont ils ont largement tiré profit pendant ces dernières années, de croire que cette catégorie de maîtres a des lumières particulières et des grâces d'état pour donner aux jeunes gens l'éducation morale et sociale (1). A l'heure où les élèves entrent dans cette classe, les fondations sont déjà jetées en eux; et trop souvent le professeur de philosophie n'aboutit qu'à obscurcir des notions jusque-là très claires, si même sa sophistique n'est pas une école de scepticisme. La vérité, c'est que l'éducation n'est pas l'œuvre d'un cours spécial; elle est le résultat de l'action lente et combinée des enseignements et des exemples reçus du-

____

(1) Ai-je besoin de citer en exemple le dernier ouvrage de M. Alfred FOUILLÉE, *la Réforme de l'enseignement par la philosophie?* « La seule pédagogie, dit-il, c'est la philosophie. » p. 195.

rant toute la période scolaire de tous les maîtres sans exception. Je ne parle pas pour l'instant du rôle de la famille, qui est prépondérant.

Reste le cours pratique, qui sera des trois
le plus utile, s'il n'est pas le plus relevé. Le
professeur enseignerait d'abord les éléments
de la psychologie enfantine et juvénile. Eh
quoi? Aristote, Horace, Boileau, ont senti
l'importance qu'il y avait pour des orateurs
et des poètes dramatiques d'étudier les caractères des hommes, et elle ne nous crèverait
pas les yeux quand il s'agit de maîtres dont
ce sera la profession de créer des caractères,
non plus fictifs cette fois, mais réels et vivants, appelés à exercer un jour une part
d'influence sur les destinées de la patrie!

Le professeur appellerait l'attention sur les
qualités et les défauts ordinaires de l'enfant
et du jeune homme, il indiquerait les moyens
éprouvés par l'expérience pour développer
les uns et réprimer les autres. Il avertirait

qu'il n'y a pas un type unique, abstrait, de l'élève, mais des types divers, et qu'à chaque catégorie correspond un traitement spécial, que le maître habile sait appliquer avec art. Tant et de si beaux travaux ont été publiés sur ce sujet par des savants contemporains, en France aussi bien qu'à l'étranger! N'y a-t-il rien non plus à retirer pour nous du laboratoire de psychologie physiologique de la Sorbonne?

Le professeur enseignerait par la même occasion à faire la classe, comment on y met de l'ordre et de la variété, la manière rationnelle de répartir le temps entre les différents exercices, et comment tout cela change suivant l'âge et le nombre des élèves. Il enseignerait au surveillant l'art de discipliner une étude sans faire de la discipline. Surtout il profiterait du voisinage d'un lycée pour s'y rendre de temps en temps avec tout ou partie de son auditoire; il y donnerait une leçon de choses, soit en faisant la classe ou l'étude lui-même, soit en la faisant faire à l'un de ses disciples sous sa direction. On a là sous la main une école d'apprentissage et de perfectionnement qu'on a totalement négligée jusqu'ici. Quel est donc cet étrange privilège du métier universitaire, où ce n'est pas en forgeant qu'on devient forgeron?

Tout cela, d'ailleurs, je demande que ce soit fait sans pédanterie, mais avec bonne humeur et enjouement; non pas de loin et de haut, mais de plain-pied avec l'auditoire; non pas en savant qui laisse tomber dédaigneusement des formules sublimes, mais en homme qui veut connaître ses futurs collègues et les aimer. Le professeur causera, se promènera avec eux; il les recevra chez lui, il tâchera de fonder entre eux une émulation de politesse et de bon ton. Il entrera, sans violence, dans leur intimité, il recevra leurs confidences, il calmera les impatients, aiguillonnera les tièdes, relèvera les découragés, communiquera à tous un idéal, une foi. Il sera pour tous une façon de directeur laïque et tout à fait un ami.

Et cela encore sera une leçon, dont ceux-ci pourront profiter plus tard, pendant et après leur stage, dans leurs relations avec leurs élèves. Ils les traiteront à leur tour comme on les aura traités, se souvenant que le programme le mieux élaboré ne saurait se substituer à l'action directe de l'homme fait sur l'adolescent, et que c'est par le contact seul que l'un peut, pour ainsi dire, se décalquer sur l'autre. Pour former le caractère de l'enfant, il faut vivre *avec* lui, et non *à côté* de lui, comme nous le pratiquons trop actuellement. La supériorité de l'éducation religieuse est dans ce commerce assidu, dans cette cohabitation du maître et de l'élève. M. Demolins, qui l'a compris, a voulu imiter nos rivaux sur ce point, et avec raison. Nous le voudrons aussi, dans la mesure possible, et si cette mesure est condamnée à rester moins large que celle de M. Demolins, parce que nos lycées seront toujours, quoi qu'on fasse, beaucoup plus peuplés que son école, parce que nos professeurs ne manifestent guère de goût pour habiter avec leur famille à l'intérieur, et qu'au surplus l'intérieur des lycées se prête mal à fournir tant d'habitations, elle ne s'en trouverait pas moins singulièrement élargie par l'adoption des réformes que j'ai préconisées plus haut, surtout par la diminution du nombre d'élèves par classe et par étude, et par le maintien du même professeur et du même maître à la tête des mêmes élèves pendant deux sinon trois années consécutives.

Le professeur ne se considérerait plus comme quitte envers le maître d'études par un salut dédaigneux quand il le rencontrerait. Ils s'honoreraient l'un l'autre, et, s'étant connus sur le même banc d'apprentissage, ils seraient liés par un esprit de bonne camaraderie. Ensemble ils cultiveraient le moral de leurs élèves conformément à l'idéal qui leur aurait été transmis. Il y a ailleurs des « unités de combat » , il y aurait ici des sortes d' « unités d'éducation » .

Je l'ai constaté déjà, à ce projet d'amélioration dans un sens plus familial des relations des professeurs et des répétiteurs, on a préféré la création de fonctionnaires nouveaux, professeurs adjoints ou directeurs d'études. Peu importe : ce que je tenais à faire observer ici, c'est qu'à quelque moyen qu'on s'arrête, non seulement il ne dispensait pas d'une formation pédagogique préalable, mais il la supposait. Que ce soit chaque professeur et chaque maître d'étude qui soient concurremment les éducateurs d'une génération d'élèves pendant deux ou trois années consécutives — ce que j'aurais préféré — ou que ce soit un professeur spécial qui cumule avec sa fonction d'enseignement celle d'éducation, ils ne feront jamais les uns et les autres que ce qu'ils auront vu faire à un autre, leur guide et leur modèle, et ils le feront suivant la même méthode, dans le même esprit et probablement avec le même zèle qu'ils le lui auront vu faire. C'est pourquoi je suis de ceux qui demandent pour la formation pédagogique des maîtres de l'Université la création d'un rouage nouveau, dont le besoin me paraît évident, et dont l'influence serait à la longue considérable (1).

(1) Le Congrès international de l'enseignement secondaire à l'Exposition universelle de 1900, présidé par M. Alfred Croiset, a adopté dans sa séarce du 2 août le vœu suivant, déposé par M. Picavet : « Il est nécessaire que les maîtres de l'enseignement secondaire reçoivent une éducation pédagogique à la fois théorique et pratique par l'histoire de la pédagogie, la discussion des méthodes et les exercices professionnels d'application. »

VI

L'UNIVERSITÉ
ET LA LIBERTÉ D'ENSEIGNEMENT

Il est une dernière question que je n'ai la possibilité ni l'intention d'éviter, puisqu'elle est déjà posée dans les faits, la question du monopole universitaire et de la liberté d'enseignement.

Il semble que de demander à l'Université d'adopter un fonds d'idées communes et, pour tout dire, un minimum, si restreint soit-il, de dogmatisme implique de ma part la conclusion qu'elle sera seule appelée à faire bénéficier de cet enseignement, jugé par moi le meilleur, le pays tout entier. Il semble, pour parler clair, que je doive être partisan du monopole. Quoique j'aie eu plus haut l'occasion d'indiquer sur ce sujet mon sentiment, je ne craindrai pas d'y revenir ici avec plus de détail.

Il est bien évident que le monopole serait une institution moins extravagante et qu'on s'y résignerait moins malaisément si l'Université avait un idéal public commun que dans la situation présente, où règne la liberté individuelle la plus absolue. De fait, et inévitablement, toutes les opinions politiques et morales sont représentées chez nous : savoir dans qu'elle mesure on a la faculté de les manifester est laissé au tact et à la sagesse de chacun (1). Puis donc que nous ne sommes pas en mesure de garantir au père de famille qu'il trouvera chez nous pour son fils, auprès du maître qui sera le sien, les opinions qu'il pré-

(1) « En philosophie, la liberté du professeur dans l'exposé de ses idées doit être plus grande, en vue d'assurer la sincérité de l'enseignement; sous la condition du tact nécessaire chez le maître, qui doit exposer ses idées avec mesure et en évitant le ton de la polémique. » Résumé de la discussion par le président, M. Alfred CROISET, *l'Éducation morale dans l'Université*, p. 60.

fère, quelle absurde tyrannie ce serait de l'empêcher d'aller les chercher où il espérera les rencontrer ! C'est parce qu'il s'en sont rendu compte que la presque unanimité des universitaires qui ont déposé devant la commission parlementaire, malgré l'extrême diversité de leurs opinions et de leurs croyances : MM. Levasseur, Brunetière, Gabriel Monod, Louis Havet, Marcel Dubois, Bréal, Aulard, d'autres encore, se sont prononcés formellement contre la suppression de la liberté de l'enseignement.

Je vais plus loin, et je dis qu'il n'y aurait dans l'adoption par l'Université de cet idéal commun dont je parle aucune raison, à mon sens, pour qu'elle se déjugeât et qu'elle se prît de convoitise pour ce monopole qu'elle a mis jusqu'ici une si généreuse ardeur à repousser.

D'abord parce que la liberté d'enseignement est un droit.

C'est bien mal connaître l'Université, c'est lui faire une injure certainement imméritée que de se la figurer, dans son ensemble, sectaire et jacobine. Les universitaires, je le répète, sont des citoyens qui professent les sentiments de la masse libérale et tolérante du pays. Ils aiment la liberté, comme ils l'ont prouvé maintes fois, et ils l'aiment de la bonne manière, je veux dire non moins pour les autres que pour eux-mêmes. Ils souhaitent, certes, et ils font en sorte que leurs concitoyens confient de préférence leurs enfants à l'Université, mais sans pouvoir ni vouloir se dissimuler, d'autre part, que toute liberté qui ne porte atteinte ni à l'ordre public n à la morale est une liberté sacrée, et que, s'il en est une qui le soit plus que les autres, qui tienne à un droit plus élémentaire et plus essentiel, qu'il soit par conséquent plus injuste, plus monstrueux de violer, c'est sans contredit la liberté pour le père de famille de donner à ses enfants l'éducation qu'il lui plaît. Si cette maison, si ce cheval m'appartiennent, à plus forte raison mon enfant est à moi, et quand on ne voit aucun inconvénient à ce que j'organise cette maison, je dresse ce cheval suivant mes goûts, on me refuserait le même droit vis-à-vis de mon enfant !

Encore si ce droit se réduisait à enseigner la grammaire ou les mathématiques ! Peut-être trouverait-on quelque universitaire assez immodeste pour se flatter d'une compétence spéciale ! Mais de ce droit-là nos jacobins dédaigneraient sans doute le monopole. Ce qu'ils veulent, c'est mettre la main sur les âmes des enfants, sur leurs consciences, c'est façonner à leur image la manière de penser et de sentir de la jeunesse sur les grandes questions morales et politiques, c'est leur inoculer leurs théories de la vie et du monde, leur conception des destinées de l'homme et de la fin des sociétés. Ce n'est pas le lettré ou le savant, l'agriculteur, le commerçant ou l'industriel qu'ils visent en lui, c'est déjà, hélus! l'électeur. Or la conscience de l'enfant, voilà précisément le trésor qui appartient à son père, de droit absolu et inaliénable, à moins d'indignité reconnue. J'ai le droit, si je ne puis faire moi-même son éducation, de rechercher quels sont les maîtres, de ceux de l'État ou des autres, qui me paraissent les plus aptes à me suppléer. J'ai le droit, puisqu'aussi bien je n'ai pas eu d'autre dessein en me créant une famille, de me voir moralement me continuer et me prolonger dans mon enfant. J'ai le droit de vouloir que mon foyer soit uni et fort, et par conséquent de m'opposer à ce qu'on y jette la division en enseignant au fils à contredire son père, — sinon à le mépriser (1).

Ce droit-là est reconnu des universitaires comme des autres; ils comprendraient mal comment de s'accorder eux aussi sur un pro-

(1) Pour écarter toute discussion politique, je ne parle pas du droit de contrôle et de surveillance que l'État, de toutes façons, doit conserver sur l'enseignement libre.

gramme d'idées commun, d'affirmer eux aussi un idéal, n'importe lequel, leur donnerait un droit contre ce droit.

*
* *

Mais la conquête du monopole, s'écrie-t-on alors, est l'intérêt le plus urgent de l'Université. C'est pour elle une question de vie ou de mort. L'enseignement libre a une clientèle qui augmente sans cesse, elle est déjà supérieure en nombre à celle de l'Université, et l'écart menace de s'aggraver indéfiniment.

Voulue ou non, cette affirmation est une erreur, malheureusement partagée par des amis de l'Université. J'ignore si les députés qui s'en sont fait une arme contre la liberté d'enseignement en ont été réellement dupes, mais je suis certain que, dans l'Université, il y a beau temps qu'elle a été percée à jour. Eux-mêmes, d'ailleurs, doivent être à cette heure tranquillisés. Car ils ont pu lire l'admirable rapport présenté pendant la précédente législature par leur collègue M. Aynard. M. Aynard offre la triple garantie d'un républicain irréprochable, d'un fidèle pratiquant de l'Université et d'un enquêteur minutieux qui a travaillé sur les statistiques officielles fournies par le ministère de l'Instruction publique, et contrôlées ensuite sur les témoignages des chefs des principaux établissements libres. Son rapport me paraît de nature à produire l'évidence dans tous les esprits.

De la statistique dressée par la commission parlementaire de l'enseignement à l'aide des chiffres fournis par le gouvernement, si l'on prend pour point de comparaison les années 1876 et 1898, il résulte que les lycées avaient gagné 12,000 élèves, et les établissements ecclésiastiques 20,827. Mais ce dernier accroissement n'était, pour plus de la moitié, qu'un « virement » d'élèves dû, d'après les propres déclarations des intéressés, à la transformation d'écoles primaires des Frères en établissements d'enseignement secondaire réunissant plus de 11,000 élèves. On reconnaît donc que l'augmentation des établissements ecclésiastiques se trouvait réduite à 9,827, en y comprenant les 1,481 élèves du collège Stanislas, qu'il eût été juste pourtant de compter par moitié à l'actif de l'Université.

Il est vrai que les collèges communaux perdaient environ 5,000 élèves, mais comme il a été reconnu que cette diminution était due au succès de l'enseignement primaire supérieur, qui en gagnait autant, les termes de la comparaison restent les mêmes, et le gain final de l'enseignement secondaire public serait environ de 2,000 élèves sur son concurrent. Admettons tout au moins que pendant ces vingt-deux années les deux camps avaient conservé leurs positions.

M. Aynard était donc absolument fondé à soutenir qu'il était « tout à fait outré de parler de crise à ce point de vue purement matériel ».

Maintenant, de la récapitulation des chiffres, il suivait que les élèves de l'enseignement secondaire étaient ainsi répartis : 94,470 dans l'enseignement public laïque ou libre laïques, 67,643 dans les établissements ecclésiastiques (non compris les petits séminaires). Si l'on ajoute les petits séminaires (23,000 élèves), il n'en restait pas moins pour l'enseignement secondaire de l'État ou libre laïque, en 1898, une majorité de près de 4,000 élèves. C'était à peu près les mêmes proportions que celles données par M. Thiers en 1844. L'esprit laïque n'était donc pas en péril, puisqu'il avait été assez fort dès ce temps-là pour faire éclater en 1848 et en 1870 deux grandes révolutions et pour recouvrer la République.

Depuis 1898, le ministère de l'Instruction publique n'a pas cessé d'enregistrer chaque année dans les lycées une augmentation assez sensible de la population scolaire. A ce point de vue la dernière session du conseil académique de Paris (juin 1902) mérite d'être retenue : le rapport de l'inspecteur sur les lycées de Paris constatait que l'effectif avait dépassé les plus gros chiffres atteints à l'époque la plus prospère ; et celui d'un autre inspecteur sur les lycées et collèges de province a été également optimiste : l'inspecteur a déclaré que la population scolaire était en augmentation constante (1).

L'esprit laïque ne justifie pas davantage les cris d'alarme poussés à son sujet. Les résultats des dernières élections législatives ont dû rassurer, il me semble, sur sa vigueur les plus pessimistes.

Quant à ce qu'on vient nous raconter de l'envahissement croissant des fonctions publiques par les élèves de l'enseignement libre, c'est encore une légende. Les chiffres fournis

(1) Le ministère de l'instruction publique a accusé au mois de novembre 1902 pour toute la France une augmentation de rentrée de trois mille élèves environ. Si je n'en fais pas état, c'est parce qu'il se trouverait peut-être des lecteurs pour contester que cette rentrée se soit effectuée dans des conditions d'absolue liberté.

par le ministère de l'Instruction publique prouvent que les établissements de l'État, à égalité d'élèves, ont obtenu en moyenne, dans les vingt-cinq dernières années, *toutes* les places à l'École normale, près des *sept huitièmes* à l'École polytechnique, les *trois quarts* à l'école Saint-Cyr, un peu moins des *deux tiers* à l'École navale, à l'École centrale et à l'Institut agronomique. Et encore, dans ces chiffres, nous n'attribuons pas à l'État le bénéfice des admissions obtenues par l'enseignement libre laïque ni même de celles gagnées par des établissements mixtes, tels que Sainte-Barbe et Stanislas.

Je conclurai donc avec M. Aynard qu'il résulte de cette enquête un avantage énorme pour l'enseignement universitaire. « Si l'enseignement libre rivalise avec lui au point de vue du nombre, on voit qu'il reconquiert la prédominance incontestée lorsqu'il s'agit de la valeur et des résultats; on voit que ces succès s'affirment surtout dans le recrutement des grandes carrières publiques; c'est l'Université qui fournit à l'État la grande majorité de nos officiers de terre et de mer; ce qu'on écrit tous les jours sur l'envahissement croissant des fonctions publiques par les élèves de l'enseignement libre ou religieux est manifestement faux; c'est une légende de plus à écarter d'une discussion raisonnable et éclairée. Si, du même coup, pareilles constatations pouvaient guérir de la superstition du nombre, ce serait tout profit pour l'enseignement, et ceux qui le dirigent se préoccuperaient plus du fond des choses, c'est-à-dire de la valeur de l'enseignement donné, que des progrès numériques des concurrents. C'est aux chiffres scolaires qu'on peut appliquer le *non numerantur sed ponderantur.* »

Une mauvaise action coûte toujours à accomplir. Quand elle est inutile, comme c'est le cas de la suppression de la liberté d'enseignement, elle se double d'une sottise. Comment l'appellera-t-on quand j'aurai montré qu'elle serait préjudiciable à l'Université elle-même?

Je ne parle pas seulement de la mésestime que lui vaudrait cette façon sommaire d'être débarrassée de concurrents qui ont eu le tort de réussir. C'est une forme de la lutte pour la vie digne de l'âge de la pierre taillée ; on ne la pardonnerait pas à une élite intellectuelle et morale qui se fait gloire d'enseigner le beau et le bien. Un corps qui vit de l'opinion doit compter avec elle.

Que n'a-t-on pas dit, d'autre part, sur l'utilité de la concurrence? Elle est, par l'émulation, la mère de tous les progrès; dans l'enseignement comme ailleurs. Un de nos plus grands génies politiques, le cardinal de Richelieu, ne pensait pas autrement. Appelé à décider entre l'Université et les Jésuites qui se disputaient (déjà!) le monopole de l'enseignement, il a formulé une sentence consignée dans son *Testament*, et que M. Hanotaux a eu la bonne idée de lire devant la commission d'enquête. En voici la conclusion : « Puisque aussi la faiblesse de notre condition humaine requiert un contrepoids en toutes choses, et que c'est le fondement de la justice, il est plus raisonnable que les Universités et les Jésuites enseignent à l'envi, afin que l'émulation aiguise leur vertu, que les sciences soient d'autant plus assurées dans l'État, qu'étant reposées entre les mains de leurs gardiens, si les uns viennent à perdre un si sacré dépôt, il se trouve chez les autres. » Il a fallu Napoléon pour établir le monopole, parce que l'Empereur voulait se faire de l'Université, comme de l'Église, un instrument de règne. Et voilà comment nos sectaires, qui se disent républicains, subissent le double affront de plagier César et de recevoir une leçon de libéralisme d'un prince de l'Église!

Mais ce n'est pas seulement l'ensemble du

pays, ce qui est une considération déjà suffisante, qui gagne aux efforts de l'initiative privée en matière d'enseignement, c'est l'Université elle-même, par l'imitation intelligente qu'elle en fait, et très légitimement. Elle prête trop, d'autre part, à l'enseignement libre pour avoir à rougir de ce qu'elle lui a emprunté. Qui oserait soutenir, par exemple, que l'établissement du P. Didon à Arcueil a été étranger à l'innovation de bâtir des lycées en pleine campagne? et le confort tant vanté des collèges des Pères jésuites au développement du bien-être matériel dans ceux de l'État?

Et toutes ces réformes dont on parle tant à cette heure, étudiées par une grande commission parlementaire, et dont l'application a commencé cette année même, qu'est-ce, s'il vous plaît, sinon la conséquence de certaines supériorités constatées dans les établissements libres, principalement ecclésiastiques, et la louable tentative de les adapter aux établissements publics? La préoccupation, qui avait paru dans tous les témoignages des déposants et dans les vœux de la commission, de donner à l'élève plus d'indépendance de caractère et plus d'initiative dans sa méthode de travail, d'alléger les programmes au profit des exercices physiques, de créer à côté de l'enseignement classique un enseignement plus pratique et plus immédiatement utilisable, d'où venait-elle, sinon de la campagne retentissante menée il y a huit ans par M. Demolins, et qu'il avait fait aboutir pour son compte à l'ouverture de l'École des Roches?

De même on trouvait consigné partout, à chaque page de cette enquête et des rapports des différentes commissions, que si l'Université était incomparable dans l'instruction, elle avait un peu trop négligé jusqu'ici l'éducation, qu'il fallait désormais que les élèves fussent moins nombreux par lycée et par classe, et que les professeurs les suivissent en dehors de leurs cours, en étude, par exemple, et en récréation. Fort bien; mais où avait-on pris ce souci nouveau, sinon dans la fameuse antienne tant ressassée à nos oreilles que dans les établissements religieux l'éducation était l'objet de soins particuliers, et que cela expliquait la préférence des familles. La preuve, c'est M. Gabriel Monod, qui n'a pas craint de proposer qu'on introduisît dans les lycées, à côté des professeurs laïques, des ecclésiastiques comme maîtres d'études. Ou bien c'était le projet de création des *directeurs d'études* et des professeurs stagiaires, qui était une des nouveautés les plus hardies du rapport de M. Ribot. Seulement, il faudra bien reconnaître, pour être juste, que cette réforme, si elle réussit à l'épreuve, ne sera qu'une heureuse adaptation aux lycées du système ecclésiastique dans lequel le professeur est en même temps surveillant en étude, en récréation, au réfectoire et au dortoir, s'appelât-il le P. du Lac.

Ce n'est pas au moment précis où l'Université profite tant que cela de la concurrence qu'on lui persuadera qu'elle ferait sagement de s'en priver.

*
* *

Non, quand même elle aurait adhéré à un dogmatisme moral et patriotique commun, l'Université n'aurait aucune raison de se déjuger sur la question du monopole. Les principes qui constituent notre idéal appartiennent, il est vrai, à tout le monde, à toutes les églises et à presque toutes les philosophies; de sorte que leur enseignement serait essentiellement une œuvre d'apaisement, de tolérance et d'union, et l'on sait combien une œuvre semblable est utile, nécessaire, dans un pays déchiré comme le nôtre. Mais cette influence généreuse ne sera féconde qu'à une condition, c'est qu'elle s'exerce librement, sur des enfants assis volontairement autour de nos chaires. La contrainte nous fermerait d'avance les esprits et les cœurs. Laissons donc à l'Université ses portes largement ouvertes, et ne prenons personne par les épaules pour l'y faire entrer.

CONCLUSION

Je résumerai en quelques formules rapides cette courte discussion.

J'accorde que pour une nation comme la France, composite, parlementaire et républicaine, la recherche de l'unité morale est un bien, une nécessité. Je l'accorde à mes adversaires, et je le soutiens à mes amis libéraux, qui, du reste, ne sont partisans de la liberté doctrinale absolue que pour être plus tranquilles sur la leur.

Cette unité morale, il est souhaitable que l'Université la réalise chez elle, et pour cette première raison, suffisante par elle-même, qu'elle est une école d'éducation. La neutralité n'est pas éducatrice, le *Que sais-je* de Montaigne non plus : seule l'affirmation l'est.

Le lycée n'étant pas la Faculté, la diversité contradictoire des enseignements n'y vaut rien. Un adolescent ne peut pas être à la fois l'élève de Zénon et d'Épicure, du président Roosevelt et de Tolstoï.

A plus forte raison l'Université recherchera pour elle l'unité morale si elle assume, par surcroît, la responsabilité de la réaliser dans la nation.

Or elle ne l'a pas, ou plutôt elle est en train de la perdre, si on n'y prend garde. Pour ce qui est d'une doctrine morale, c'est l'évidence même, et personne ne le conteste. Plusieurs en tirent vanité.

La foi patriotique elle-même est atteinte. A force de la rétrécir, ou de l'élargir, ou de la nuancer, ou d'en donner des interprétations singulières, on aboutira, sans qu'on le veuille, à la corroder et à l'affaiblir.

L'Université ne le veut pas, ne l'a jamais voulu. Sous peine de devenir un agent de dissociation, elle retrouvera l'ancienne unité de sa morale spiritualiste et de son particularisme français. Elle donnera ainsi publiquement raison et à la presque unanimité de ses élèves, dont les parents nourrissent ces croyances, et à l'immense majorité de ses maîtres, qui, en réalité, les professent. Elle préparera ces maîtres par une formation pédagogique appropriée.

Tout cela, du reste, sans tyrannie. La revendication d'un large idéal moral et national n'implique pas nécessairement qu'on interdira aux autres d'enseigner celui de leur choix.

APPENDICE

UN PROJET DE RÉFORME

DE

L'ENSEIGNEMENT SECONDAIRE[1]

On se demande pourquoi, depuis le temps que l'Université parle de réformer son enseignement secondaire, ayant pour y pourvoir tant d'hommes intelligents et dévoués, elle n'a pas encore abouti. On l'expliquera peut-être par le nombre des réformateurs, très divisés entre eux, et par le conflit éternel des conservateurs routiniers et des novateurs subversifs. Cela ne suffit pas : il faut ajouter qu'il ne semble pas que nous soyons encore fixés

(1) Cet appendice est notre déposition devant la commission d'enquête parlementaire (mars 1899), accrue et remaniée, telle qu'elle a paru dans le numéro du 1ᵉʳ mai 1899 de la *Revue du Midi*, qui se publie à Nîmes.

sur l'objet et la destination de l'enseignement secondaire.

L'enseignement primaire s'adresse aux enfants
pressés qui réclament des études courtes, appro-
priées à des besoins pratiques; le secondaire, à ceux
qui ont, avec l'aptitude, le loisir de pousser plus
loin leur éducation.

De ces derniers les uns embrasseront les carrières
libérales : ils seront médecins, avocats, officiers,
professeurs. Les autres entreront dans les carrières pratiques : agriculture, commerce, industrie,
banque, colonisation. Leur ensemble constituera
l'élite de la nation, l'aristocratie des temps modernes, qui sera à la démocratie désormais triom-
phante ce qu'était à la monarchie la noblesse héréditaire, son appui et son ornement, sa racine et sa
fleur. Il importe à un grand peuple que son élite
ait reçu une haute culture intellectuelle, une éducation générale, vraiment libérale, et digne de
l'influence qu'elle doit un jour exercer.

CONTRE LA DUALITÉ DE L'ENSEIGNEMENT SECONDAIRE ACTUEL

Ceci posé, quelle raison y a-t-il que cet enseignement soit double, l'un classique et l'autre mo-

derne? J'en vois au contraire une excellente qu'il soit simple, c'est l'intérêt que retirerait la nation de l'éducation une et homogène de tous ceux qui sont appelés à la diriger.

Et de fait, avouons-le, si on l'a dédoublé, ce n'est pas par excès de confiance dans la vertu de ce dédoublement, mais pour nuire au classique et pour préparer les voies au monopole du moderne, à moins qu'on l'explique par l'incertitude de gagner au change.

L'enseignement moderne s'est fait ce qu'il devait fatalement devenir, organisé comme il l'était sur le plan du classique et logé sous le même toit, une contrefaçon de son aîné, offrant au rabais un baccalauréat équivalent. Il n'a pas gagné le prestige qu'il a fait perdre à l'autre. Il est une cause permanente de désarroi dans la direction de la maison. Il expose les élèves des deux catégories à des comparaisons gênantes. Enfin il est à son tour une pépinière de bureaucrates et de fonctionnaires.

Ramenons-le à l'ancien enseignement spécial de Duruy, élargi, tant qu'on voudra, perfectionné, varié suivant la région. Qu'il soit pour nous l'équivalent des « écoles réelles » pour les Allemands. Nous avons actuellement l'enseignement moderne, les écoles professionnelles et les écoles primaires supérieures : c'est de la combinaison de ces trois éléments, dont la parenté est évidente, qu'il s'agit de former le type d'enseignement que nous cherchons, facile et court, succédant directement à l'école primaire, dont il sera le complément, et d'où sortiront les hommes de vie pratique dont nous avons tant besoin, la majorité des agriculteurs, des négociants, des industriels, des colonisateurs et si l'on veut encore, un bon nombre de nos officiers.

Cet enseignement aura ses maisons à lui, une par département, et qui ne sera pas forcément au chef-lieu. Au lycée nous ne donnerons que l'enseignement secondaire refondu et approprié à notre temps, uniforme, et sans autre épithète. Il sera possible alors de lui appliquer une réforme congruente et féconde.

Dans quel sens cette réforme doit être tentée, cela n'est pas matière à désaccord profond. On s'entend généralement à reconnaître qu'il est impossible à priori que l'enseignement qui convenait aux sujets de Louis XIV convienne également à la démocratie du vingtième siècle. Dans l'intervalle la France a été transformée par la Révolution, les sciences ont été presque inventées, les barrières entre nations abaissées. D'où les besoins nouveaux : besoin d'un enseignement plus scientifique, besoin d'une initiation aux langues étrangères. Il faut désormais un système qui tienne compte de tout cela.

Quelques-uns ont si ardemment embrassé cette idée qu'ils n'ont pas proposé moins que de biffer d'un trait le système actuel pour lui en substituer un nouveau, exclusivement utilitaire, fondé uniquement sur le français, les langues vivantes et les sciences. Il me parait, comme à beaucoup d'autres, qu'ils sont allés trop loin.

D'abord, s'ils s'adressent à l'Université, ils parlent pour ne rien dire, car ils savent bien que l'Université ne peut pas, sous peine d'une crise mortelle, se transformer ainsi de fond en comble instantanément. Sa méthode d'enseignement est séculaire : comment exiger qu'elle en improvise une autre sur-le-champ? Et le personnel rendu inutile, qu'en fera-t-on?

Ensuite, à un point de vue plus général, il faut voir s'il y a intérêt à jeter toute la cargaison classique à la mer, ou s'il ne suffirait pas de se délester. Ni l'Angleterre ni l'Allemagne ne nous donnent en tout cas l'exemple de la répudiation totale de l'antiquité, et le feraient-elles, qu'il ne serait pas démontré par là que nos origines latines, nos qualités de race et nos traditions nationales nous conseillassent de les imiter.

Pour moi, les yeux fixés sur le même idéal que

ces révolutionnaires, j'esquisserai un projet qui tiendra compte néanmoins de tout ce qui dans l'ancienne éducation française m'a semblé bon et utile à conserver. Plus pratique aussi, j'ai voulu que ce projet s'accommodât le plus possible de l'organisation actuelle, afin que la transition entre ce qui est et ce qui doit être fût presque insensible et qu'on pût le réaliser, si on voulait, tout de suite et sans trouble profond (1).

CONTRE LE GREC

Je suis d'avis non seulement qu'on rende le grec facultatif dans l'enseignement secondaire, comme le propose M. Fouillée, mais qu'on l'en supprime absolument.

Profane, hélas! je ne le suis pas plus que la moyenne des Français qui enseignent le grec sous prétexte qu'ils le savent. Que la littérature grecque soit la plus riche, la plus variée, la plus complète des littératures du monde entier, j'en suis persuadé. Quelle autre peut montrer, à la fois, des poètes

(1) Le *Décret relatif au plan d'études secondaires*, du 31 mai 1902, a supprimé l'enseignement dit *moderne* et à institué un enseignement secondaire unique.

comme Homère et des philosophes comme Platon, des tragiques comme Sophocle et des comiques comme Aristophane, des orateurs comme Démosthène et des historiens comme Thucydide? Et sa langue! quelle simplicité et quelle magnificence! quelle finesse et quelle force! quel délié et quelle complexité!

Mais que m'importe, si langue et littérature restent pour moi lettre morte? Que me font ces trésors dont je n'ai pas la clef? Une littérature et une langue sont belles pour elles-mêmes, mais de leur beauté je ne jouis, je ne profite que dans la mesure où je la pénètre, où je la sens. Et si elle doit me demeurer étrangère, à quoi bon m'en faire épeler les éléments? A vouloir apercevoir une étoile trop lointaine on perd ses yeux et son temps.

Il y a, dites-vous, pour l'esprit, une gymnastique incomparable dans la langue grecque, une vertu éducatrice qu'on ne saurait rencontrer ailleurs. Eh! je veux bien, mais qu'importe si nous ne sommes pas en état d'y aller voir?

Soyons francs : les maîtres, nous ne savons guère le grec, et les élèves l'ignorent totalement.

Bien entendu je fais la part des exceptions. Mettons même que savoir le grec — je dis savoir à fond et le goûter de même — soit la règle chez les professeurs spécialistes des facultés et que tous soient de petits Croiset. Au lycée un bon helléniste est l'exception.

Comment un futur professeur apprend-il le grec? Il l'apprend après sa sortie du lycée et déjà bachelier. Il se remet aux déclinaisons et aux conjugaisons. Il pioche la règle du subjonctif et celle de l'optatif, afin de présenter un thème assez correct à la licence. Après cela, et en vue de l'agrégation, il prépare l'explication d'une série interminable d'auteurs, flanqué d'un côté de la traduction juxtalinéaire et de l'autre de l'Alexandre ou du Chassang, à moins que ce ne soit des deux.

Résultat : agrégé, s'il veut faire consciencieusement sa classe, il sera obligé de préparer chaque fois les textes qu'il aura à faire expliquer à ses élèves. Sinon il rencontrera à chaque pas des difficultés de lecture insurmontables. Gymnastique intellectuelle, c'est possible, mais que devient au milieu de ce perpétuel déchiffrage la vertu éducatrice? Quelle place est faite au sentiment du génie de la langue, de l'âme de la littérature? Oui, peut-être, au bout de quelques années, quand on repassera pour la dixième fois sur un texte parfaitement scruté et très familier, on le découvrira subitement, on le sentira. Vous voyez au bout de quel temps! Jugez des élèves.

La vérité est que, du grec, ils n'en savent goutte.

La masse des rhétoriciens est incapable de le lire à haute voix sans l'estropier. L'élite le déchiffre péniblement à coups de dictionnaire. Ce que devient encore ici la vertu éducatrice, je vous le laisse à penser. Si jamais âme de lycéen a tressailli au contact de l'âme grecque, qu'il se lève! Ah! certes, pour répondre à l'examinateur que le naturel d'Homère est divin, magnifique l'éploiement de la verve pindarique, désopilant le brio d'Aristophane, lumineuse la précision de Démosthène, ils s'en tirent, et passablement. Ils sont si dociles, ces chers enfants, et d'ailleurs si bien stylés! Mais personne ne s'y laisse prendre.

Après donc avoir accordé aux hellénistes que le grec est la langue des dieux, je suis bien obligé de conclure que nos élèves lui restant complètement fermés, c'est, pour eux, comme si les dieux ne l'avaient jamais parlée, et que ce n'est pas la peine, à l'aube du vingtième siècle, quand on aurait tant d'autres choses utiles à apprendre, de perdre son temps, son argent, son effort à s'évertuer sur une matière qui ne nous servira à rien, non, pas même — car je suis sensible à ce point de vue — pas même au développement désintéressé de l'intelligence.

On me dira : On ne sait pas le grec, soit, mais qui empêche de changer cela? Il ne tient qu'aux professeurs de le mieux apprendre pour le mieux enseigner. Je constate qu'au lieu que nos pères ont été de tout temps très versés dans le latin, ils n'ont jamais, sauf d'honorables exceptions, poussé très loin l'étude du grec. En plein apogée de la littérature classique, c'était par des traductions, et combien infidèles, qu'ils prenaient contact avec lui. C'est un jeu de relever chez Boileau les erreurs et les inintelligences en la matière. A quoi cela tenait-il? A l'inexpérience des maîtres? Je le veux bien, mais quand je songe qu'avec les maîtres modernes, autrement capables, on ne parvient pas à de meilleurs résultats, je ne puis m'empêcher de conclure que, sans doute, l'esprit hellénique et l'esprit français ne s'appellent pas naturellement, et qu'au surplus on n'a pas au collège le temps qui serait nécessaire pour surmonter les difficultés de cette adaptation. Ce n'est pas la peine de continuer, puisqu'elle est défavorable, une expérience déjà vieille de plus de trois siècles. Contentons-nous de traductions (1).

(1) Le même Décret a institué quatre groupements dans le second cycle, dont un seulement comprend le grec.

POUR LE LATIN

Par contre, je réclame énergiquement le maintien du latin.

Je ne me contredis pas. Ce n'est pas en tant que langue morte que j'abolirais le grec, mais parce que les élèves, loin de profiter de sa moelle, ne sont pas capables de le lire. Le latin, c'est différent. Nous sommes impardonnables de ne pas le leur faire connaître à fond, nous le pourrions, nous le devrions.

Nous le pourrions parce que, si la langue latine est assez différente de la langue française pour imposer à l'esprit de l'élève un réel effort afin de la bien traduire, — gymnastique excellente à tous égards, — elle a néanmoins avec elle plus d'affinités que la langue grecque, elle n'est pas pour nous d'un apprentissage aussi rebutant. Faut-il répéter que les trois quarts des mots français viennent du latin, et que parmi les tournures de phrase, celles qui nous paraissent le plus modernes ont souvent un origine latine? C'est là un avantage qu'on n'aura jamais avec l'allemand ou l'anglais.

Il y en a un autre, c'est que, tandis que les auteurs allemands, par exemple, se perdent souvent dans des considérations abstraites auxquelles l'intelligence d'un enfant est réfractaire, les latins, les prosateurs surtout, ont développé des idées très simples, des lieux communs très à la portée de cet âge, exprimés dans une langue concrète qui lui est aisément intelligible.

Et de fait nos pères ont su le latin autant qu'ils savaient peu le grec. Le latin a été longtemps en France la langue quasi maternelle. Et c'était le latin que Fénelon voulait faire apprendre aux filles, afin que, comme leurs frères, elles fussent capables de comprendre les prières de leur paroissien.

D'où vient que cela a changé? D'où vient que nos rhétoriciens sont si peu en état de lire un texte latin? et que dans un lycée dont je sais le nom l'élève de rhétorique classé le premier dans la composition en thème latin du premier trimestre a traduit le titre ainsi libellé : Lettre de Racine, par *De litteris Racinii?* D'où cela vient? De nos prétentions à faire mieux et de notre démangeaison de faire autrement que nos prédécesseurs. On a supprimé, ou presque, ces exercices comme les vers latins et la narration, qui étaient excellents pour procurer la connaissance du vocabulaire. On a, au contraire, sur les traces des Allemands, introduit dans l'enseignement du latin l'érudition, la philologie, qui a dégoûté les élèves beaucoup plus qu'elle ne les a instruits.

Il suffirait donc de retourner à l'ancienne méthode pour retrouver les mêmes résultats qu'autrefois. Loin de diminuer la part du latin, qu'on la renforce, qu'on le fasse commencer en septième, qu'on pratique à fond le thème et la version, le vers, la narration et le discours : on obtiendra sa peine de bons latinistes, et quelque chose de plus par-dessus le marché.

Car je n'ai parlé jusqu'ici que de la facilité relative qu'éprouve un Français à apprendre le latin. Je n'inventerai rien en soutenant qu'il retirerait à le bien apprendre de grands avantages, et tels que les langues vivantes ne sauraient lui en offrir de pareils.

Mon impartialité éclatera dans la double concession que je ferai volontiers aux partisans exclusifs des langues vivantes. En ce qui concerne la littérature latine, j'accorde que l'allemande ou l'anglaise sont aussi belles, aussi riches qu'elle en génies de toutes sortes ; et en matière de langue, j'admets que l'étude de l'allemand ou de l'anglais, par l'analyse des mots et des tournures qu'elle comporte, serait pour de jeunes esprits une gymnastique aussi utile que l'étude du latin.

Mais voici une première supériorité pédagogique du latin : il est une langue morte, c'est-à-dire définitivement organisée, et non plus, comme les langues vivantes, en perpétuel devenir. On distingue très nettement la période classique de la période de formation et de celle de décadence. On peut donc désigner à coup sûr les modèles sur lesquels il y aura profit à exercer des esprits inexpérimentés.

De plus, le latin, étant langue morte, ne risque pas de gâter par contagion le français encore indécis de l'élève. Voyez que d'infiltrations étrangères dans notre français à nous, qui savons peu les langues vivantes, et jugez ce que l'âge impressionnable et imitatif de l'enfant, s'il n'apprenait que celle-là, en laisserait passer dans le sien! Une langue morte est à cet égard une cloison étanche, une barrière infranchissable.

Le latin ne garantit pas seulement la pureté du français, il nous met en pleine possession de notre langue, dans laquelle il revit, en nous faisant sentir la propriété des termes, la valeur des locutions, l'agencement de la phrase.

Le latin est même un facteur essentiel de notre tradition nationale, et je suis de ceux qui la veulent maintenir à tout prix. Qu'on s'en réjouisse ou qu'on le déplore, c'est par le moyen du latin que depuis des siècles on a élevé chez nous les générations. Tous nos grands écrivains respirent la culture latine. Rompre avec elle, c'est s'exposer à ce que, sous d'autres influences, ils nous deviennent peu à peu étrangers. Nos petits-neveux liront Corneille et Molière comme nous faisons la cantilène de sainte Eulalie, à coups de lexique. Est-ce là, pour la force et la grandeur de notre patrie, un résultat souhaitable?

Et puis je défie, quand même l'étude des langues vivantes soit une gymnastique intellectuelle comparable à celle du latin, que les élèves ni les parents la considèrent jamais comme telle. On les apprendra toujours pour les savoir, pour les parler, utilitairement, on croira avoir fini son éducation quand on y sera parvenu. Tentation funeste, car savoir parler une ou deux langues est un piètre résultat pour dix ans d'études. Un séjour de quelques semaines dans le pays y suffit. Le latin est si parfaitement inutile qu'on n'a rien de tel à craindre de lui. Il est un instrument d'éducation, et il ne peut servir à autre chose.

J'ajoute maintenant que la littérature latine est un instrument d'éducation française qui n'a pas son pareil, par ce qui lui manque non moins que par ce qu'elle possède en perfection. Car il est évident que la littérature étrangère la plus recommandable comme moyen d'éducation est celle qui, la mieux douée pour développer dans les esprits ce qui est proprement de l'homme, de l'humanité en général, est en même temps la moins en danger de nuire à ce qui constitue l'originalité intellectuelle du peuple qui s'y applique. Or, c'est le cas de la littérature latine.

Elle est d'abord essentiellement raisonnable. Elle brille dans son ensemble par un ferme bon sens qui s'impose à tous ceux qui la lisent, et dont on voudrait parfois qu'il fût moins dominant. Intéressant dans les orateurs, dans les historiens, voire dans les poètes comme Horace, il devient gênant dans les lyriques et même dans Virgile. Le sens du mystère est totalement aboli dans cette littérature. On est constamment mené dans des voies très éclairées par une main très sûre. Mais voici le double profit : elle donne aux lecteurs « la précision de l'esprit, la justesse du raisonnement, la mesure et la sobriété dans les opinions, la rectitude de la volonté, elle les tonifie et les virilise (1) ». Et par contre elle ne risque pas d'enfiévrer notre sensibilité ni d'exalter notre imagination au delà du degré qui nous est propre, et l'on sait que ce degré n'est pas élevé.

Ensuite, et précisément à cause de ce bon sens imperturbable, la littérature latine est au plus

(1) M. Pichon, *Histoire de la littérature latine*. Lire aussi *le Génie latin*, de M. G. Michaut, Fontemoing éditeur.

haut point universelle, humaine. Ce que nous appelons l'individualisme, le subjectivisme, n'est pas dans ses tendances. Elles a des orateurs, des historiens, des philosophes, dont le métier est de traiter d'autre chose que d'eux-mêmes. Le lyrisme, au contraire, qui vit du moi individuel, n'est pas représenté. Et parmi les autres genres de poésie, si je prends le plus personnel des poètes latins, Horace, je constate qu'il ne nous révèle pas une âme ni bien spéciale ni bien compliquée. Il ne montre guère de lui que ce qui lui est commun avec le reste de l'humanité, les caractères généraux de l'humaine nature. Et voilà encore comment la littérature latine est admirable pour développer chez des jeunes gens les traits essentiels et constants de l'homme, sans qu'on puisse appréhender que la méditation assidue d'un type rare et exceptionnel altère celui qui est propre à la nation.

Enfin de l'homme, ce qu'elle cultive, ce n'est pas seulement ce qui est humain, mais ce qui est viril. Elle n'est pas une littérature de frivoles ou de dilettantes, une application aux lettres de l'art pour l'art, elle poursuit généralement un but qui est en dehors d'elle, elle remplit une tâche, une fonction sociale, un office public. En histoire et en éloquence, la preuve serait trop facile à fournir, mais sa philosophie n'a-t-elle pas été essentiellement pratique? Les plus grands poètes eux-mêmes, Lucrèce et Virgile, n'ont-ils pas subordonné à autre chose qu'à l'art leur inspiration? Lucrèce était un apôtre qui s'était donné pour mission de délivrer ses compatriotes des vaines terreurs de la superstition, et Virgile un citoyen qui déroulait en douze chants l'apothéose de Rome et de l'empereur. Quand les écrivains latins ont voulu, au moment de la décadence, faire de la littérature une distraction élégante de désœuvrés, ils ont échoué. C'est pourquoi la littérature latine, loin d'induire nos jeunes gens à la sophistique ou au dilettantisme, sera pour eux une école de sérieux et de gravité.

Au reste, à quelle époque, je le demande, la littérature française a-t-elle le plus brillé par ces qualités de virilité, d'humanité, d'universalité que je viens d'énumérer? Et à quelle époque pourtant a-t-elle été le plus originale, le reflet le plus exact de notre génie national? Nul doute, c'est au dix-septième siècle, et ce siècle est précisément celui où elle était le plus nourrie de littérature latine. Donc, comme éducatrice de l'esprit français, la littérature latine a fait ses preuves; elle a été, elle doit rester notre littérature classique par excellence (1).

(1) Le même Décret a rendu le latin obligatoire pour les

POUR LES LANGUES VIVANTES

Les heures consacrées à l'enseignement du latin étant maintenues, il suit de la suppression du grec que, dans la répartition actuelle du temps, une moyenne de cinq heures par semaine, de la cinquième à la rhétorique inclusivement, deviennent sans emploi. Nous les consacrerons par moitié aux langues vivantes et à la morale.

C'est trop peu de deux classes accordées par semaine aux langues vivantes dans le système actuel, même de trois, et à plus forte raison d'une, comme cela se fait en mathématiques élémentaires et en philosophie. Donnons-leur-en autant qu'au français et au latin; il le faut pour qu'elles soient mieux enseignées, il le faut pour que dans l'esprit de l'élève elles jouissent de la même considération que les deux autres enseignements.

Mais il est encore plus nécessaire que nous soyons fixés sur le but que nous voulons atteindre en les enseignant. S'agit-il de rendre les élèves

élèves de l'enseignement secondaire, dans une des deux sections du premier cycle, et dans trois groupements sur quatre du second.

capables de lire, écrire et parler couramment l'allemand ou l'anglais, l'espagnol ou l'italien? Ou bien, avons-nous la prétention qu'il en soit de ces langues comme du latin, qu'elles deviennent un moyen d'éducation intellectuelle, et que nos élèves en pénètrent le fin du fin, les étymologies, les archaïsmes et la prosodie? D'avance, j'ai répondu plus haut par l'option que délibérément j'ai faite d'une langue morte, et plus spécialement du latin, comme langue d'éducation.

Je crois que nous devons nous estimer satisfaits de mettre nos élèves en état de parler, de lire et d'écrire les langues vivantes avec correction et facilité.

Il ne suffirait pas qu'ils en possédassent la légère teinture, si facile, si rapide à acquérir, qui permet au voyageur de se tirer d'affaire dans un hôtel ou à l'employé de commerce de faire sa correspondance. On exigerait plus et mieux, la maîtrise nécessaire pour lire, sans recourir au dictionnaire, un ouvrage scientifique, littéraire, philosophique, ou un article de revue. En somme, ce n'est pas en vue d'un autre résultat que les autres peuples apprennent les langues étrangères, à commencer par le français. Et la différence entre eux et nous, c'est qu'il y parviennent, tandis que nous restons en deçà.

Incertains du but, forcément notre méthode est mauvaise. Nous enseignons les langues vivantes comme les langues mortes, par le moyen écrit des thèmes et des versions, comme si l'essentiel était d'attraper la pureté et l'élégance. Plus tard, à la faculté, les futurs professeurs y pourvoiront! Mais. pour le moment, et au lycée, soyons plus modestes et plus pratiques.

La bonne méthode, sûre et rapide, est celle que M. Demolins voudrait voir employer — à tort selon moi — pour le latin lui-même, la méthode parlée, celle que nous suivons forcément pour apprendre la langue maternelle, celle qui consiste à ne parler en classe d'allemand qu'en allemand, à ne désigner les choses concrètes et à ne formuler les abstractions qu'en allemand, à ne penser autant que possible qu'en allemand. J'entends d'habitude les professeurs de langues vivantes se féliciter tout particulièrement des élèves dont les parents ont été assez aisés pour leur donner dès l'enfance une bonne étrangère. Eh bien, la voie est tout indiquée : ils devront, qu'ils me pardonnent d'exprimer si familièrement ma pensée, être, toute proportion gardée, la bonne allemande ou anglaise de tous les autres.

Surtout cherchons les moyens pratiques de donner suite au projet plusieurs fois émis, et réalisé déjà par M. Demolins dans son collège de jeunes gens riches. Expatrions à tour de rôle et pour le plus longtemps possible nos élèves. Un séjour de deux mois, ne fût-ce qu'à deux reprises, en pays étranger leur en apprendra plus long de la langue de ce pays que l'année scolaire tout entière passée dans la mère patrie; dans tous les cas il en sera le complément naturel.

Les parents de nos élèves ne sont généralement pas assez fortunés pour prélever sur leur petit budget ces frais supplémentaires. Mais ne pourrait-on pas généraliser ce qui se pratique déjà dans certaines écoles primaires supérieures ou industrielles de Paris, s'entendre avec des directeurs de collèges d'Angleterre ou d'Allemagne pour échanger avec leurs élèves, pendant les vacances, ceux des nôtres qui seraient jugés capables de profiter de cette faveur? Les frais, dans ces données, sont très considérablement diminués, et ce serait le cas de fonder pour les bons élèves pauvres des bourses et des demi-bourses (1).

---

(1) L'*Arrêté concernant la repartition des matières de l'enseignement secondaire*, du 31 mai 1902, a élevé le nombre d'heures consacrées aux langues vivantes. Les *Instructions* qui l'accompagnent posent en principe que « les langues vivantes sont enseignées surtout en vue de l'usage », et elles recommandent à cet effet la méthode parlée.

POUR L'ENSEIGNEMENT MORAL

Les deux autres heures vacantes appartiendraient à la morale.

On se plaint que l'éducation morale soit insuffisante au lycée. Le moyen de la fortifier n'est pas d'avoir l'air d'en faire un cours spécial qu'on rejette à la fin des études; il faut en imprégner tout le système d'enseignement, en remplir toutes les années scolaires et pour ainsi dire chaque journée. C'est pourquoi j'admettrais à la rigueur qu'on supprimât la classe de philosophie de l'enseignement secondaire, et qu'après avoir distingué dans son programme actuel deux parties, l'élémentaire et l'autre (celle des premiers principes et de la discussion des systèmes), on remît celle-ci à plus tard, à la faculté, et on échelonnât la première, la plus pratique, dans un ordre de difficulté progressive, d'un bout à l'autre de la période scolaire, de la neuvième à la première.

La morale y serait au premier plan, et d'une manière permanente. Elle serait enseignée aux enfants sous la forme des devoirs les plus simples, avec plus de force et de profondeur aux plus âgés, appuyée pendant les deux dernières années de notions très sommaires de psychologie et d'histoire de la philosophie. Et c'est au professeur de lettres que j'attribuerais cet enseignement (1).

TABLEAU GÉNÉRAL DE L'ORGANISATION
NOUVELLE

Le latin et une langue vivante, — je préférerais l'allemand, — voilà donc, avec le français, la morale, l'histoire, la géographie et les sciences, qui sont des matières sur lesquelles il ne s'est élevé aucune contestation, quelles doivent être, selon moi, les bases fondamentales et communes de l'enseignement secondaire tout entier depuis la neuvième jusqu'à la première.

De la neuvième à la quatrième inclusivement, tout absolument serait commun à tous. Le professeur de lettres serait chargé en même temps du cours d'histoire et de géographie. C'est pendant ces années-là que je chercherais à établir un *passage* avec l'école primaire ou l'enseignement spécial au profit de ceux de leurs élèves qui auraient

(1) Le même *Arrêté* institue des leçons d'instruction morale et civique dans les classes préparatoires et élémentaires et dans la classe de septième, un cours de morale dans les classes de quatrième et de troisième.

montré les aptitudes voulues, sauf à leur accorder des bourses en cas de nécessité (1).

En quatrième, rétablissement de l'ancien examen de grammaire, ou institution d'un examen sérieux qu'il serait indispensable de passer avec succès avant de pouvoir continuer les études secondaires. Il donnerait droit à un certificat (2). Je l'imposerais aussi aux établissements libres, sous le contrôle de l'État, afin de les préserver de la tentation d'ouvrir une hospitalité trop complaisante aux transfuges des lycées.

A partir de la quatrième, trifurcation. Les matières que j'ai dites resteraient communes, mais à côté les élèves, suivant leur vocation ou le désir de leurs familles, suivraient des cours spéciaux, plus exclusivement littéraires, s'ils veulent devenir avocats ou professeurs; plus exclusivement scientifiques, s'ils aspirent à la médecine, à l'École centrale, à Saint-Cyr ou à Polytechnique; enfin plus pratiques, s'ils se destinent à l'agriculture, au commerce ou à l'industrie. A ceux-ci je laisserais le choix entre le latin ou une autre langue vivante (3).

---

(1) Le nouveau plan d'études a prévu ce passage entre le premier et le second cycle.

(2) Un « certificat d'études secondaires du premier degré » est placé à l'issue du premier cycle.

(3) Ces trois groupements ont été constitués tels quels

Récapitulons dès à présent les avantages de cette organisation.

Et d'abord les avantages matériels. Le premier, et le plus grand de tous, c'est de ne pas bousculer ni bouleverser de fond en comble l'organisation existante. Les projets sont peu nombreux, dont on pourrait en dire autant.

Puis j'abrège les études d'un an, ce qui est à considérer pour tous les élèves, et surtout pour ceux qui se destinent aux grandes écoles de l'Etat ou aux carrières pratiques.

Je fais l'économie des professeurs de philosophie et, dans les classes élémentaires, des professeurs d'histoire et de géographie. Autant de gagné pour le budget, ou bien on en profiterait pour dédoubler les classes trop chargées.

Au point de vue moral, j'établis sur un pied d'égalité d'instruction et d'éducation les futurs agriculteurs, industriels, commerçants, ingénieurs, financiers et les futurs avocats ou officiers. Le rôle de ces hommes de vie pratique étant appelé à devenir de plus en plus important dans le monde moderne, on ne saurait exagérer, dans un pays hiérarchisé comme le nôtre, le bienfait de cette assimilation.

par le nouveau plan d'études; seulement le premier est subdivisé en deux : latin-grec et latin-langues vivantes.

Enfin, par la transformation de la classe de philosophie, en faisant de la morale un enseignement de toutes les années et donné par le professeur principal de la classe, je le revêts aux yeux des élèves d'un prestige et d'une autorité qu'il n'a pas eus jusqu'ici.

Si on me permet de rappeler, en outre, que j'ai déjà exprimé le vœu que ce soit le même professeur qui suive les mêmes élèves de la neuvième à la sixième, de la sixième à la quatrième et de la quatrième à la fin, on reconnaîtra peut-être que ce système, en même temps qu'il est plus simple que l'actuel, frappe par le mérite d'être aussi plus un, plus cohérent, et sur l'élève plus prenant.

POUR LE BACCALAURÉAT

Le baccalauréat est un mal nécessaire.

Sans lui les élèves laborieux travailleraient quand même et quand même les cancres végéteraient, mais parmi ceux de médiocre énergie — et ce sont les plus nombreux — beaucoup, privés de ce stimulant, languiraient. La moyenne intellectuelle des classes dirigeantes de la nation perdrait donc à sa suppression.

Ensuite il faut bien une sanction aux études

pour en garantir la qualité. On ne l'appellera plus baccalauréat, soit; mais la chose n'en persistera pas moins, nécessaire, indispensable. On a parlé d'un certificat d'études décerné par les professeurs eux-mêmes. Il n'offrira pas plus de garanties d'impartialité que le baccalauréat actuel. Il sera davantage protégé contre les caprices du hasard, peut-être; mais comptez-vous pour rien les sympathies et les antipathies humaines, les cantilènes éplorées des mères, la tentation si naturelle de se débarrasser au moyen d'une petite faveur qui n'est préjudiciable à personne des vétérans à perpétuité, et d'autres causes encore susceptibles de faire capituler la conscience des maîtres?

Réformons sans supprimer. Pour moi, je ne changerais pas grand'chose à la manière dont le baccalauréat est passé actuellement. Depuis bientôt vingt ans que je fabrique des bacheliers, et devant des jurys géographiquement les plus divers, je n'ai pas encore vu un bon élève qui ait échoué. Le hasard ne fait de ses coups que sur la catégorie des médiocres, desquels on ne peut affirmer ni qu'ils méritent l'échec ni qu'ils sont dignes du succès.

Je demanderais seulement que pour plus de sécurité encore le professeur fût admis de droit dans le jury devant lequel passent ses élèves. —

Ils passeraient tous, bien entendu, devant le même.
— Le livret scolaire joue un peu ce rôle, mais je
lui préférerais la présence réelle, ne fût-ce qu'à
titre consultatif. Nous serions là pour rectifier et
mettre au point.

Mon projet de réforme comporte un triple baccalauréat : les deux qui existent déjà et un baccalauréat ès arts, ou pratique, ou de tel nom qu'on
voudra lui donner.

Je ne changerais rien aux épreuves écrites du
baccalauréat ès lettres et du baccalauréat ès sciences,
sauf qu'à l'écrit je veillerais que les sujets fussent
toujours à la portée des jeunes gens. Par exemple,
je proscrirais dans la composition française les
sujets d'érudition littéraire, qui sont de purs psitta-
cismes, au profit des lieux communs de littérature
et de morale et de l'histoire générale, plus propres, selon moi, à donner la vraie mesure de
l'intelligence du candidat et de la maturité relative de son jugement.

Pareillement, à l'oral, je substituerais aux ques-
tions-devinettes, aux questions purement de mémoire ou d'érudition, celles qui provoquent davantage la réflexion, notamment des commentaires
d'un texte français, latin, et étranger, non seulement au point de vue grammatical, mais au point
de vue soit de l'idée et de la suite du raisonne-

ment, soit de la force et de la vérité des sentiments exprimés.

Faut-il ajouter que je rétablirais à l'écrit l'épreuve de la langue vivante, thème ou version, et qu'à l'oral j'attribuerais à la conversation un coefficient sérieux?

Le troisième baccalauréat comprendrait, à l'écrit, en plus de l'épreuve de langue vivante, une de composition française et une de sciences appliquées; à l'oral, des interrogations sur toutes les matières, latin compris, qui auraient fait l'objet de cette branche d'enseignement.

Je sais bien qu'on a proposé d'autres réformes : augmenter le nombre des épreuves écrites, laisser aux élèves le choix sur certaines, accorder un droit aux notes des livrets, exempter les bons élèves de l'examen... Que sais-je encore? Je ne suis frappé par les avantages d'aucune. Le baccalauréat, même organisé comme il l'est actuellement, donnera, sous le bénéfice des réformes faciles que je viens de proposer, tous les bons résultats qu'on est en droit d'attendre d'un examen. Si des candidats vous exigez, en outre, qu'ils aient satisfait à un examen de grammaire en quatrième, strictement éliminatoire, et même, si vous voulez, à un examen de passage en seconde, le baccalauréat ne sera plus pour eux à la sortie du lycée l'opération hasardeuse ou écrasante qu'il est aujourd'hui, mais une pure formalité, une simple constatation d'études bien faites (1).

(1) Par le Décret du 31 mai 1902, l'examen du baccalauréat a été maintenu; l'élève a le choix entre quatre séries d'épreuves correspondant aux quatre groupements du second cycle; les jurys sont composés de professeurs de l'enseignement secondaire dans la proportion de trois sur six et dans certains cas de trois sur cinq.

FIN

TABLE DES MATIÈRES

18

PARIS

TYPOGRAPHIE PLON-NOURRIT ET Cⁱᵉ

Rue Garancière, 8

Documents manquants (pages, cahiers...)
NF Z 43-120-13

www.ingramcontent.com/pod-product-compliance
Ingram Content Group UK Ltd.
Pitfield, Milton Keynes, MK11 3LW, UK
UKHW021015140726
13695UKWH00001B/263